DR. OETKER

PFANNENGERICHTE

einfach, schnell, vielseitig

DR. OETKER

PFANNENGERICHTE

einfach, schnell, vielseitig

CERES

Vorwort

Pfannengerichte liegen voll im Trend, ob für den Kleinhaushalt oder für den Familienhaushalt. Sie sind schnell vorbereitet (Sie können manches auch am Abend vorher schon vorbereiten oder auf vorgefertigte Produkte zurückgreifen) und ebenso schnell zubereitet. Sie eignen sich ebenso für die Kinder, die aus der Schule oder vom Sport kommen, wie für den Ehemann, der erst später isst, wenn die Kinder noch klein sind. Wenn Sie alles vorbereiten und abgedeckt in den Kühlschrank stellen, können Sie die Pfannengerichte jeweils frisch zubereiten. Und mit etwas Brot, Reis oder Nudeln haben Sie eine vollständige Mahlzeit. Und bei vielen Rezepten sind Reis, Nudeln oder Kartoffeln schon im Pfannengericht enthalten.

Die Rezepte sind für 2–4 Personen und lassen sich auch noch verdoppeln oder in zwei Pfannen zubereiten. Wichtig sind natürlich Pfannen, die gut garen und sich einfach säubern lassen.

Abkürzungen

EL = Esslöffel
TL = Teelöffel
Msp. = Messerspitze
Pck. = Packung / Päckchen
g = Gramm
kg = Kilogramm
ml = Milliliter
l = Liter
evtl. = eventuell
geh. = gehäuft
gestr. = gestrichen
TK = Tiefkühlprodukt
°C = Grad Celsius
Ø = Durchmesser
E = Eiweiß
F = Fett
KH = Kohlenhydrate
kcal = Kilokalorie
kj = Kilojoule

Hinweise zu den Rezepten

Lesen Sie bitte vor der Zubereitung – besser vor dem Einkaufen – das Rezept einmal vollständig durch. Oft werden Arbeitsabläufe oder -zusammenhänge dann klarer.

Zubereitungshinweise

Die Zubereitungszeit beinhaltet sowohl Vorbereitungszeit als auch eigentliche Zubereitungszeit. Wenn die Zeiten zum Marinieren, Quellen, Kühlen usw. ausgesprochen lang sind (z. B. über Nacht), sind diese nicht mit einbezogen.

Kapitelübersicht

Kapitelübersicht

Bunte Kartoffelpfanne

(4 Portionen)

Zutaten

2 grüne Paprikaschoten
800 g gegarte, gepellte, festkochende Kartoffeln
2–3 Zwiebeln
4 EL Speiseöl
Salz
frisch gemahlener Pfeffer
3 Mettwürstchen, z. B. Rauchenden
4 kleine saure Gurken
Paprikapulver edelsüß
2 EL gehackte Petersilie

Zubereitungszeit:
25 Minuten

Pro Portion:
E: 27 g, F: 38 g, Kh: 42 g
kJ: 2722, kcal: 650

PREISWERT – EINFACH

1 Die Paprikaschoten halbieren, entkernen, waschen und in Würfel schneiden. Die Kartoffeln in Stücke und die abgezogenen Zwiebeln in Scheiben schneiden.

2 Das Öl in einer Pfanne erhitzen, Kartoffeln, Paprika und Zwiebeln darin braten, schwach salzen und pfeffern.

3 Inzwischen die Wurst und die Gurken in Scheiben schneiden, beides in der Pfanne 5 Minuten mitgaren.

4 Vor dem Servieren mit Paprikapulver und Petersilie bestreuen.

Veränderungen: *Statt der grünen Paprikaschoten können unterschiedliche Farben der Paprika gewählt werden, oder nur eine Paprikaschote und zusätzlich Zucchini, Frühlingszwiebeln oder Porree verwendet werden.*

Schweizer Rösti

(4 Portionen – Foto)

Zutaten

1 kg Pellkartoffeln (festkochend, am Vortag gekocht)
1 TL Salz, Pfeffer
50 g Butterschmalz

Zubereitungszeit:
40 Minuten

Pro Portion:
E: 5 g, F: 13 g, Kh: 43 g, kJ: 1370, kcal: 327

KLASSISCH

1 Kartoffeln pellen, grob raspeln, salzen und pfeffern.

2 Etwas Butterschmalz in einer Pfanne erhitzen. Kartoffelmasse hineingeben, etwas flachdrücken. Rösti bei ganz schwacher Hitze in etwa 15 Minuten goldbraun braten.

3 Wenn die untere Seite braun ist, mit Hilfe eines Tellers wenden und fertig braten. Eventuell noch etwas Butterschmalz in die Pfanne geben. Mit dem Rest der Kartoffelmasse ebenso verfahren.

Tipps: *Empfehlenswert sind auch folgende Rösti-Variationen: 4 Esslöffel geraspelten Raclettekäse oder Schafskäse, 4 Esslöffel Speckstreifen, 3 in Streifen geschnittene Zwiebeln oder etwas Knoblauch und Thymian zu den Kartoffeln geben.*

Rösti mit Schinken

(3 Portionen)

Zutaten

750 g Pellkartoffeln (festkochend, am Vortag gekocht)
Salz, Pfeffer
6 EL Speiseöl
½ Bund Schnittlauch
1 Topf Basilikum
1 Becher (150 g) Crème fraîche, Muskat
100 g geräucherter Schinken

Zubereitungszeit:
25 Minuten

Pro Portion:
E: 13 g, F: 51 g, Kh: 46 g, kJ: 3041, kcal: 726

KLASSISCH

1 Kartoffeln grob raspeln, mit Salz und Pfeffer würzen.

2 Öl in einer Pfanne erhitzen, Kartoffeln in kleinen Häufchen hineingeben, flachdrücken, in 5–8 Minuten auf beiden Seiten goldgelb backen.

3 Schnittlauch und Basilikum abspülen, etwas zum Garnieren beiseite legen, den Rest fein hacken, mit Crème fraîche, Salz und Muskat verrühren.

4 Rösti mit Schinken und Crème fraîche anrichten. Mit Schnittlauch und Basilikumblättchen garniert servieren.

Tipp: *Statt Schinken können Sie auch feingeschnittenen Lachs verwenden.*

Bratkartoffeln mit Cocktailwürstchen

(3 Portionen – Foto)

Zutaten

600 g gekochte Kartoffeln
150 g frische Champignons
1 Bund Schnittlauch
40 g Butter
2 EL Speiseöl
300 g Cocktailwürstchen
(Abtropfgewicht 180 g)
Salz
frisch gemahlener Pfeffer
gerebelter Majoran, frisch
oder getrocknet
Kümmelsamen

Zubereitungszeit:
30 Minuten

Pro Portion:
E: 19 g, F: 41 g, Kh: 39 g,
kJ: 2600, kcal: 621

FÜR KINDER – PREISWERT

1 Gekochte Kartoffeln in Scheiben schneiden. Champignons putzen, evtl. kurz waschen, trockentupfen, in Scheiben schneiden. Schnittlauch waschen, trockentupfen, in Ringe schneiden.

2 Butter und Öl erhitzen, Kartoffeln und Pilze darin anbraten. Wenn diese Farbe genommen haben, abgetropfte Cocktailwürstchen dazu geben und unter mehrmaligem Wenden weiter braten lassen.

3 Mit Salz, Pfeffer, Majoran und Kümmel würzen, anrichten, zum Servieren mit Schnittlauchröllchen bestreuen.

Beilagentipp: *Frische, gemischte Salate mit Vinaigrette angemacht.*

Tipp: *Statt der Cocktailwürstchen kann auch in Streifen geschnittene Fleischwurst verwendet werden, diese dann nur noch erwärmen. Oder statt der frischen Champignons kleine ganze Champignons aus dem Glas verwenden.*

Bauernfrühstück

(4 Portionen)

Zutaten

750 g festkochende Kartoffeln
75 g durchwachsener Speck
30 g Margarine
4 Zwiebeln
3 Eier (Größe M)

1 Kartoffeln waschen, in Salzwasser zum Kochen bringen, gar kochen lassen, abgießen, pellen und erkalten lassen. Die Kartoffeln in Scheiben schneiden.

2 Den Speck fein würfeln, in einer Pfanne auslassen, Margarine dazugeben. Die Zwiebeln abziehen, fein würfeln, darin glasig braten.

(Fortsetzung Seite 14)

(Fortsetzung von Seite 12)

3 EL Milch, Salz, Pfeffer,
Paprika edelsüß, Muskat
125 g Schinkenspeck
2 EL feingeschnittener Schnittlauch

Zubereitungszeit:
35 Minuten

Pro Portion:
E: 15 g, F: 44 g, Kh: 39 g
kJ: 2656, kcal: 635

PREISWERT

3 Die Kartoffelscheiben hinzugeben und von allen Seiten darin anbraten.

4 Die Eier mit Milch, Salz, Pfeffer, Paprika, Muskat verquirlen. Schinkenspeckwürfel und Schnittlauch hinzugeben und über die gebräunten Kartoffeln geben, bei schwacher Hitze stocken lassen.

Kartoffelpfanne Espagna

(4 Portionen – Foto)

Zutaten

- 1 kg Kartoffeln
- 75 g magerer durchwachsener Speck
- 1 Zwiebel
- 1 Knoblauchzehe
- Salz
- 10 grüne Oliven, mit Paprika gefüllt
- je ½ rote und grüne Paprikaschote
- 3 Tomaten
- 5 Eier (Größe M)
- frisch gemahlener Pfeffer
- Paprika edelsüß
- grüne oder schwarze Oliven

Zubereitungszeit:
45 Minuten

Pro Portion:
E: 18 g, F: 27 g, Kh: 41 g,
kJ: 1974, kcal: 471

PREISWERT – FÜR KINDER

1 Kartoffeln schälen, waschen, in Scheiben schneiden, trockentupfen, Speck in Würfel schneiden, auslassen.

2 Zwiebel und Knoblauch abziehen, fein würfeln, in dem Speckfett glasig dünsten lassen, die Kartoffelscheiben hinzugeben.

3 Mit Salz bestreuen, erst zugedeckt, dann in der offenen Pfanne etwa 15 Minuten anbraten.

4 Oliven in Scheiben schneiden, Paprika entkernen, die weißen Scheidewände entfernen, Schoten waschen, in Würfel schneiden.

5 Tomaten waschen, die Stängelansätze herausschneiden, Tomaten in Stücke schneiden, die drei Zutaten zu den Kartoffeln geben, etwa 10 Minuten mitgaren lassen.

6 Eier mit Salz, Pfeffer und Paprika verschlagen, über die Kartoffelpfanne geben, stocken lassen.

7 Die Kartoffeln mit Oliven garnieren, sofort servieren.

Tipp: *Die Kartoffeln in 2 Portionen braten, damit die Kartoffelscheiben schön braun werden.*

Kartoffel-Knoblauch-Pfanne

(2 Portionen – Foto)

Zutaten

500 g kleine, neue Kartoffeln
1 Bund Frühlingszwiebeln
2 EL Olivenöl
etwa 8 junge Knoblauchzehen
Salz, Pfeffer
gehackte Thymianblättchen

Zubereitungszeit:
35 Minuten

Pro Portion:
E: 7 g, F: 12 g, Kh: 45 g
kJ: 1363, kcal: 325

VEGETARISCH

1 Die Kartoffeln gründlich waschen und die Schale mit einer Bürste abschaben.

2 Die Frühlingszwiebeln putzen, waschen, in 2 cm lange Stücke schneiden.

3 Das Olivenöl in einer Pfanne erhitzen. Die Kartoffeln hineingeben und von allen Seiten gut anbraten. Die Frühlingszwiebeln und die Knoblauchzehen ungeschält hinzufügen und etwa 5 Minuten mitbraten lassen. Mit Salz, Pfeffer und Thymianblättchen bestreuen, etwas Wasser hinzugießen und die Kartoffel-Knoblauch-Pfanne in 10–15 Minuten garen.

Beilagentipp: *Salatteller.*

Kartoffel-Gemüse-Pfanne

(4 Portionen)

Zutaten

750 g Kartoffeln
200 g Cabanossi
300 g Tomaten
1 Zwiebel, 2 EL Speiseöl
1 Paket tiefgefrorenes Farmergemüse (300 g)
Salz, Pfeffer
4 Eier (Größe M)
1 Bund glatte Petersilie

Zubereitungszeit:
35 Minuten

Pro Portion:
E: 26 g, F: 32 g, Kh: 36 g
kJ: 2325, kcal: 555

PREISWERT – EINFACH

1 Die Kartoffeln waschen, schälen, waschen und in Würfel schneiden. Die Cabanossi in dünne Scheiben schneiden. Von den Tomaten die Stängelansätze entfernen, die Tomaten waschen und achteln. Die Zwiebel abziehen und fein würfeln.

2 Die Kartoffeln in heißem Öl 5 Minuten unter Wenden braten. Die Cabanossischeiben hinzufügen und kurz mitbraten. Zwiebel und Gemüse zugeben und weitere 5–10 Minuten garen.

3 Die Tomatenachtel unterheben, mit den Gewürzen bestreuen.

4 Eier über der Pfanne aufschlagen und auf dem Gemüse etwa 5 Minuten stocken lassen. Mit gehackter Petersilie bestreuen.

Griechische Kartoffelpfanne

(4 Portionen)

Zutaten

1 rote Paprikaschote (etwa 150 g)
6 Zweige Oregano
4 Knoblauchzehen
800 g Pellkartoffeln, gekocht
80 g Butterschmalz
400 g Feta-Käse (griechischer Schafskäse)
Salz
frisch gemahlener Pfeffer
1 kleines Glas grüne Oliven, ohne Kern
1 kleines Glas schwarze Oliven, ohne Kern

Zubereitungszeit:
30 Minuten

Pro Portion:
E: 23 g, F: 43 g, Kh: 39 g
kJ: 2811, kcal: 672

EINFACH - VEGETARISCH

1 Die Paprikaschote vierteln, entstielen, entkernen, die weißen Scheidewände entfernen, die Schote waschen, in Würfel schneiden. Oregano abspülen, trockentupfen, die Blättchen von den Stängeln zupfen. Den Knoblauch abziehen, ebenfalls hacken.

2 Pellkartoffeln pellen, in Scheiben schneiden.

3 Die Hälfte des Butterschmalzes in einer Pfanne erhitzen, die Kartoffelscheiben unter Wenden darin goldbraun braten, zwischendurch umrühren.

4 Feta-Käse in Würfel schneiden. Kartoffeln mit Salz und Pfeffer würzen, aus der Pfanne nehmen. Das restliche Butterschmalz in die Pfanne geben, Knoblauch und Gemüse unter Wenden etwa 5 Minuten darin dünsten, mit Salz und Pfeffer würzen.

5 Kartoffeln, Feta und Oregano und Oliven in die Pfanne geben, vermengen, erhitzen, evtl. im Backofen unter dem Grill kurz überbacken.

Försterpfanne

(4 Portionen – Foto)

Zutaten

600 g gekochte Kartoffeln
100 g fetter Speck
1 Zwiebel, 250 g Champignons
Salz, Pfeffer
4 Eier (Größe M), 5 EL Milch
geriebene Muskatnuss
je 1 EL feingeschnittener Schnittlauch und Petersilie
etwas Butter

Zubereitungszeit:
25 Minuten

Pro Portion:
E: 14 g, F: 30 g, Kh: 31 g
kJ: 1964, kcal: 469

1 Die Kartoffeln und den fetten Speck in Würfel schneiden. Den Speck in einer großen Pfanne auslassen.

2 Die Zwiebel abziehen, in Scheiben schneiden und in dem Fett glasig dünsten lassen. Die Kartoffeln und die geputzten, gewaschenen und in Scheiben geschnittenen Champignons hinzufügen und braun braten, mit Salz und Pfeffer würzen.

3 Die Eier mit der Milch verschlagen, mit Salz und Muskat abschmecken. Die Kräuter hinzufügen. Die Eiermilch über die Kartoffeln geben und stocken lassen. Evtl. etwas Butter in die Pfanne geben (die Eiermasse darf nicht trocken werden). Wenn die untere Seite leicht gebräunt ist, das Gericht auf vorgewärmten Teller gleiten lassen.

Tipp: *Nach Belieben Gewürzgurken dazu reichen.*

Altdeutsche Kartoffelpfanne

(3 Portionen)

Zutaten

250 g Champignons
500 g gekochte Kartoffeln
150 g durchwachsener Speck
2 Zwiebeln, Salz, Pfeffer
6 Eier (Größe M)
125 ml (⅛ l) Milch
2 EL feingeschnittener Schnittlauch, Butter

Zubereitungszeit:
25 Minuten

Pro Portion:
E: 25 g, F: 46 g, Kh: 39 g,
kJ: 2950, kcal: 704

PREISWERT

1 Champignons putzen, evtl. waschen und in Scheiben schneiden. Kartoffeln und Speck in Würfel schneiden. Zwiebeln abziehen, in Scheiben schneiden.

2 Speck auslassen, Zwiebelscheiben in dem Speckfett glasig dünsten lassen. Champignonscheiben und Kartoffelwürfel hinzufügen, mit Salz und Pfeffer würzen und braun braten lassen.

3 Eier mit der Milch verschlagen, mit Salz abschmecken und Schnittlauch unterrühren. Eiermilch über die Kartoffeln geben und stocken lassen. Evtl. Butter in die Pfanne geben (die Eiermasse darf nicht trocken werden).

4 Wenn die untere Schicht leicht gebräunt ist, das Gericht auf vorgewärmte Teller gleiten lassen.

Pytt i panne

(2 Portionen – Foto)

Zutaten

400 g gekochte, gepellte Kartoffeln, 1–2 Zwiebeln
150 g gekochter Schinken
2 Gewürzgurken
30 g Butter oder Margarine
125 ml (⅛ l) Bratensauce
1 Becher (150 g) Crème fraîche
1 EL gehackte Petersilie

Zubereitungszeit:
20 Minuten

Pro Portion:
E: 23 g, F: 48 g, Kh: 43 g
kJ: 3036, kcal: 724

1 Die Kartoffeln in Scheiben schneiden, Zwiebeln abziehen. Die Zwiebeln, den gekochten Schinken und die Gewürzgurken in Würfel schneiden.

2 Butter oder Margarine zerlassen, Kartoffelscheiben, Zwiebel-, Schinken- und Gurkenwürfel darin anbraten, Bratensauce und Crème fraîche unterrühren, kurz erhitzen, mit Petersilie bestreuen.

Beigabe: *Grüner Salat, Tomatensalat.*

Tipp: *Wenn Sie keine Bratensauce haben, können Sie 1 Päckchen Fertigprodukt verwenden.*

Kartoffel-Wein-Pfanne

(2 Portionen)

Zutaten

400 g Kartoffeln
100 g durchwachsener Speck
2 EL Speiseöl
125 ml (⅛ l) Weißwein
4 Frühlingszwiebeln
125 g Butterkäse
Salz, Pfeffer

Zubereitungszeit:
40 Minuten

Pro Portion:
E: 23 g, F: 60 g, Kh: 36 g
kJ: 3641, kcal: 869

PREISWERT

1 Kartoffeln waschen, schälen, waschen, trockentupfen, in Scheiben schneiden. Speck in Streifen schneiden.

2 Speck in dem Öl auslassen, die Kartoffeln darin unter mehrmaligem Wenden etwa 15 Minuten braten.

3 Wein hinzugießen und noch etwa 10 Minuten schmoren lassen. In den letzten 5 Minuten die geputzen, in feine Ringe geschnittenen Frühlingszwiebeln unterrühren.

4 Butterkäse fein würfeln, über die Kartoffeln verteilen, unterrühren und etwas schmelzen lassen, mit Salz und Pfeffer würzen.

Tipp: *Die Kartoffelscheiben müssen fast gar sein, bevor der Wein zugosssen wird.*

Schnelle Kartoffelpfanne

(4 Portionen – Foto)

Zutaten

4 Mettenden je 80 g
600 g gekochte Kartoffeln (festkochende)
1 Stange Porree (Lauch)
4 Eier (Größe M)
1 Becher (200 ml) Schlagsahne
1 Bund glatte Petersilie
3 EL Speiseöl
Salz
frisch gemahlener Pfeffer
120 g geriebener, mittelalter Gouda

Zubereitungszeit:
30 Minuten

Pro Portion:
E: 43 g, F: 68 g, Kh: 29 g,
kJ: 3993, kcal: 953

FÜR KINDER – SCHNELL

1 Mettenden und Kartoffeln würfeln, den Porree putzen, der Länge nach einschneiden, gut waschen und in Ringe schneiden.

2 Eier mit Sahne verquirlen.

3 Petersilie waschen, gut trockentupfen, grob hacken und unter das Sahne-Eier-Gemisch rühren.

4 Kartoffeln und Mettwurst in Öl anbraten, Porreeringe dazugeben, unterrühren, kurz miterhitzen. Vorsichtig mit Salz und Pfeffer würzen. Sahne-Eier-Gemisch über den Inhalt der Pfanne gießen und unter langsamen Rühren stocken lassen.

5 Danach mit geriebenen Käse bestreuen, unter dem Grill im Backofen überbacken.

Beilage: *Salate jeglicher Art, oder eingelegte Gurken und Zwiebeln oder Mixed Pickles.*

Tipp: *Die Zubereitung gelingt am besten in einer beschichteten Pfanne.*

Columbianische Pfanne

(4 Portionen)

Zutaten

1 kg Kartoffeln
2 mittelgroße Zwiebeln
je 1 rote und grüne Paprikaschote
3 EL Speiseöl

1 Kartoffeln schälen, waschen, in Stifte schneiden. Zwiebeln abziehen, würfeln. Paprikaschoten halbieren, entstielen, entkernen, die weißen Scheidewände entfernen. Die Schoten waschen, in kleine Würfel schneiden.

(Fortsetzung Seite 26)

Salz, 1 Prise Kardamom
frisch gemahlener schwarzer Pfeffer
2 EL feingeschnittener Schnittlauch

Zubereitungszeit:
50 Minuten

Pro Portion:
E: 6 g, F: 9 g, Kh: 40 g,
kJ: 1145, kcal: 273

EINFACH – PREISWERT

(Fortsetzung von Seite 24)

2 Speiseöl in einer großen Pfanne erhitzen, die Kartoffelstifte, die Paprika- und Zwiebelwürfel hineingeben, mit Salz, Kardamom und Pfeffer bestreuen, zunächst zugedeckt, dann in der offenen Pfanne in etwa 20 Minuten hellbraun braten lassen.

3 Mit feingeschnittenem Schnittlauch bestreut servieren.

Beigabe: *Salat.*

Schupfnudelragout mit Gartengemüsen

(4 Portionen – Foto)

Zutaten

1 Kohlrabi
300 g Kaiserschoten
300 g feine, grüne Bohnen
Salzwasser (3 Teelöffel Salz auf 750 ml Wasser)
80 g Butter
500–600 g Schupfnudeln (TK-Ware oder aus dem Kühlregal)
Salz
frisch gemahlener Pfeffer
1 Bund Kerbel

Zubereitungszeit:
35 Minuten

Pro Portion:
E: 8 g, F: 18 g, Kh: 26 g,
kJ: 1325, kcal: 316

RAFFINIERT – SCHNELL

1 Kohlrabi putzen, schälen, waschen und in dünne Stäbchen schneiden. Kaiserschoten und Bohnen von den Enden befreien, evtl. einmal durchschneiden, anschließend waschen.

2 Salzwasser zum Kochen bringen, Gemüse nacheinander darin bissfest blanchieren und unter kaltem Wasser abschrecken.

3 Butter in einer beschichteten Pfanne erhitzen, zunächst die Schupfnudeln, dann die blanchierten Gemüse darin andünsten. Mit Salz und Pfeffer würzen.

4 Das Gemüse anrichten und mit gewaschenen, gezupften Kerbelblättchen garnieren.

Tipps: *Zu diesem Gericht kann kurzgebratenes Fleisch serviert werden. Wenn Sie keine Kaiserschoten bekommen, können Sie auch Erbsen und Möhren verwenden. Statt der Schupfnudeln können Sie auch Gnocchi aus dem Kühlregal verwenden.*

Nudelpfannen

Spitzkohl-Fleischwurst-Pfanne mit Spätzle

(4 Portionen)

Zutaten

1 Knoblauchzehe
1 große Zwiebel
3 EL Speiseöl
1 kleiner Spitzkohl (etwa 700 g)
125 ml (⅛ l) Fleischbrühe
125 ml (⅛ l) Schlagsahne
Salz
frisch gemahlener Pfeffer
evtl. Kümmelsamen
1 Pck. (etwa 380 g) frische Spätzle (aus dem Kühlregal)
etwa 400 g Fleischwurst

Zubereitungszeit:
30 Minuten

Pro Portion:
E: 25 g, F: 48 g, Kh: 16 g
kJ: 2633, kcal: 629

PREISWERT – RAFFINIERT

1 Knoblauch und Zwiebel abziehen, würfeln und in erhitztem Öl andünsten.

2 Spitzkohl putzen, sechsteln, den Strunk herausschneiden, Kohl kurz waschen, abtropfen lassen, zu Knoblauch und Zwiebeln in die Pfanne geben und mit andünsten. Brühe und Sahne hinzufügen, einmal aufkochen und in 10–15 Minuten zugedeckt bissfest garen.

3 Mit den Gewürzen bestreuen. Die Spätzle hinzufügen. Die Fleischwurst enthäuten, in grobe Streifen schneiden, erhitzen, evtl. nochmals abschmecken.

Tipps: *Wenn Sie keine Spätzle aus dem Kühlregal bekommen, können sie auch 200 g getrocknete Spätzle verwenden, die Sie nach Packungsanleitung kochen und abgetropft hinzufügen. Sehr gut schmeckt die Pfanne auch mit Streifen von Leberkäse statt der Fleischwurst. Sie können als Gewürz auch zusätzlich einen Teelöffel mittelscharfen Senf hinzufügen.*

Veränderung: *Den Spitzkohl vierteln, den Strunk herausschneiden, Spitzkohl in Streifen schneiden und nur etwa 5 Minuten garen.*

Knoblauch-Spätzle mit grünem Spargel

(4 Portionen)

Zutaten

1 Bund (250 g) dünner, grüner Spargel
1 Bund Frühlingszwiebeln
2 Fleischtomaten (je 150 g)
2 Knoblauchzehen
3 EL Olivenöl
100 ml Gemüsebrühe
100 ml Weißwein
300 g frische Spätzle (aus dem Kühlregal)
30 g geriebener Parmesan
Salz
frisch gemahlener Pfeffer
50 g geriebener Parmesan

Zubereitungszeit:
30 Minuten

Pro Portion:
E: 12 g, F: 16 g, Kh: 14 g, kJ: 1179, kcal: 281

EINFACH

1 Spargel und Frühlingszwiebeln putzen, waschen, vom Spargel das untere Drittel schälen, Das Gemüse anschließend in 3 cm lange Stücke schneiden. Die Tomaten waschen, Stängelansätze herausschneiden. Tomaten grob würfeln. Knoblauch abziehen, fein würfeln.

2 Olivenöl erhitzen, Spargelstücke sowie Tomaten- und Knoblauchwürfel darin anschwitzen, nach und nach Brühe und Weißwein angießen. Noch etwa 5 Minuten köcheln lassen, Spätzle und Frühlingszwiebeln dazu geben, mit Salz, Pfeffer und 30 g Parmesan würzen, alles unter Rühren erhitzen.

3 Zum Servieren mit dem restlichen Parmesan bestreuen.

Tipp: *Zu diesem Gericht paßt kurzgebratener Fisch, z.B. Kabeljau. Eine besondere Note bekommt dieses Gericht, wenn Sie in Scheiben geschnittenen und gerösteten Knoblauch dazugeben. Wer keinen grünen Spargel bekommt, kann entweder weißen Spargel verwenden oder TK-Prinzessbohnen.*

Penne mit Kürbis und Kapern

(3 Portionen)

Zutaten

300 g Penne Nudeln (oder Nudeln Ihrer Wahl)
Salzwasser
2 Schalotten
2 Fleischtomaten (300 g)
100 g eingelegte Kürbisstückchen
½ Röhrchen Kapern (Abtropfgewicht 25 g)
3 EL Olivenöl
einige Minzezweige
Salz
frisch gemahlener Pfeffer
geriebene Muskatnuss

Zubereitungszeit:
25 Minuten

Pro Portion:
E: 15 g, F: 15 g, Kh: 74 g, kJ: 521, kcal: 2183

RAFFINIERT

1 Nudeln in reichlich kochendem Salzasser nach Packungsanleitung bißfest garen, auf ein Sieb gießen, gut abtropfen lassen. Schalotten abziehen, in Scheiben schneiden. Tomaten waschen, die Stängelansätze herausschneiden, die Tomaten in Stücke schneiden. Kürbis und Kapern abtropfen lassen.

2 Öl erhitzen, zunächst Schalotten, dann Kürbisstücke, Kapern und Tomatenstücke darin andünsten.

3 Minzezweige abspülen, die Blätter von den Stängeln zupfen. Abgetropfte Nudeln zum Gemüse geben, mit Salz, Pfeffer und Muskat und einigen Minzeblättern würzen und erhitzen.

Beilagentipp: *Geröstetes, italienisches Weißbrot.*

Tipp: *Zusätzlich würden dazu gebratene Scampi und Muscheln schmecken.*

Tortellini mit Tomaten-Fenchel-Gemüse

(4 Portionen)

Zutaten

700 g Tomaten
2 kleine Fenchelknollen (400 g)
200 g Creme-Champignons
1 Bund Majoran
4 EL Speiseöl
125 ml (⅛ l) Rotwein
2 EL Tomatenmark
Cayennepfeffer
Salz
1 Prise Zucker
1 TL Essig-Essenz
400 g Käse-Tortellini (aus dem Kühlregal)
75 g geriebener Parmesankäse

Zubereitungszeit:
45 Minuten

Pro Portion:
E: 21 g, F: 16 g, Kh: 44 g, kJ: 1835, kcal: 438

RAFFINIERT – DAUERT LÄNGER

1 Tomaten kurze Zeit in kochendes Wasser legen (nicht kochen lassen), in kaltem Wasser abschrecken, enthäuten, die Stängelansätze entfernen. Die Tomaten vierteln, entkernen und in Würfel schneiden. Von den Fenchelknollen die Stiele dicht oberhalb der Knollen abschneiden, braune Stellen und Blätter entfernen, die Wurzelenden gerade schneiden, Die Knollen waschen, halbieren und in feine Streifen schneiden. Champignons putzen, mit Küchenpapier abreiben, evtl. abspülen und in Scheiben schneiden.

2 Majoran waschen, trockentupfen. Blättchen von den Stängeln zupfen und fein hacken.

3 Fenchel in erhitztem Öl andünsten. Champignonscheiben zugeben und 5 Minuten unter Rühren anbraten. Tomatenstücke unterrühren.

4 Rotwein, Tomatenmark, Cayennepfeffer, Salz, Zucker und Essig-Essenz unterrühren und 5–10 Minuten kochen lassen. Majoran zugeben.

5 In der Zwischenzeit die Tortellini nach Packungsanweisung zubereiten. Mit dem Gemüse vermischen und mit Parmesan betreut servieren.

Tipp: *Sie können statt der Tortellini aus dem Kühlregal auch etwa 250 g getrocknete Tortellini nach Packungsanweisung zubereiten. Wenn Kinder mitessen, sollten Sie statt des Rotweins Gemüsebrühe verwenden.*

Frühlingsnudeln mit Kürbiskernen

(4 Portionen)

Zutaten

400 g Penne Nudeln (oder Nudeln Ihrer Wahl)
Salzwasser
je 1 rote, grüne und gelbe Paprikaschote (je 150 g)
1 mittelgroße Zucchini (250 g)
2 Frühlingszwiebeln
4 EL Olivenöl
Salz
frisch gemahlener Pfeffer
1 abgezogene, durchgepresste Knoblauchzehe
200 ml Gemüsebrühe
100 g geschälte Kürbiskerne

Zubereitungszeit:
40 Minuten

Pro Portion:
E: 23 g, F: 27 g, Kh: 25 g, kJ: 2804, kcal: 669

VEGETARISCH

1 Nudeln in Salzwasser nach Packungsanleitung bissfest garen, in ein Sieb gießen und gut abtropfen lassen.

2 In der Zwischenzeit Paprikaschoten putzen, vierteln, die weißen Scheidewände entfernen, entkernen. Paprikaschoten waschen und quer in Streifen schneiden. Zucchini putzen, waschen, der Länge nach halbieren und in Scheiben schneiden.

3 Frühlingszwiebeln putzen, waschen, trockentupfen, in Ringe schneiden.

4 In einer Pfanne Olivenöl erhitzen, das Gemüse darin andünsten, mit Brühe ablöschen und etwa 8 Minuten garen.

5 Abgetropfte Nudeln und Frühlingszwiebelringe dazugeben, mit Salz, Pfeffer und Knoblauch würzen und erhitzen. Zum Schluss Kürbiskerne in einer Pfanne ohne Fett rösten und über das Nudelgericht streuen.

Tipp: *Das Nudelwasser mit Nudelgewürz würzen. Das Gericht evtl. mit geriebenem Parmesan bestreuen.*

Nudelpfanne mit Putenbrust

(4 Portionen – Foto)

Zutaten

250 g Spiralennudeln
15 g Trockenpilze, z. B. Mu-err-Pilze
400 g Putenbrustfilet
3 EL Speiseöl, Salz, Pfeffer
1 Pck. (300 g) TK-Erbsen-Möhren-Mischung
125 ml (⅛ l) Schlagsahne
1 EL gehackte Petersilie

Zubereitungszeit:
35 Minuten, ohne Einweichzeit der Pilze

Pro Portion:
E: 36 g, F: 27 g, Kh: 50 g, kJ: 2589, kcal: 618

KLASSISCH

1 Nudeln nach Packungsanleitung in Salzwasser garen, auf ein Sieb geben und gut abtropfen lassen.

2 Trockenpilze nach Packungsanleitung einweichen, abtropfen lassen, zerkleinern. Putenbrustfilet unter fließendem kalten Wasser abspülen, trockentupfen, in Streifen schneiden, portionsweise mit den Pilzen in erhitztem Speiseöl anbraten, mit Salz und Pfeffer würzen, herausnehmen und warm stellen.

3 Die Nudeln in den Bratensatz geben, Erbsen und Möhren aufgetaut dazugeben und etwa 5 Minuten miterhitzen. Pilze, Fleisch und Sahne hinzufügen, 3–4 Minuten erhitzen. Nochmals mit den Gewürzen abschmecken und mit Petersilie bestreut servieren.

Tipp: *Statt der Trockenpilze 200 g geputzte Austernpilze mit dem Putenbrustfilet anbraten.*

Nudel-Eier-Pfanne

(3 Portionen)

Zutaten

180 g bunte Nudeln
je 1 rote und grüne Paprikaschote (je 125 g)
3 Eier (Größe M)
Salz, Pfeffer, Paprika
2 EL Speiseöl

Zubereitungszeit:
25 Minuten

Pro Portion:
E: 17 g, F: 17 g, Kh: 46 g, kJ: 1778, kcal: 424

FÜR KINDER

1 Die Nudeln in reichlich Salzwasser zum Kochen bringen und nach Packungsanleitung kochen, abgießen.

2 Die Paprikaschoten putzen, vierteln, entkernen, die Stängelansätze herausschneiden, die Schoten waschen und würfeln.

3 Die Eier verschlagen und mit Salz, Pfeffer, Paprikapulver würzen.

4 Das Öl erhitzen und die Paprikawürfel darin etwa 5 Minuten dünsten lassen, die Nudeln hinzufügen und weitere 5 Minuten mitdünsten, dabei öfter umrühren.

5 Die verschlagenen Eier unterrühren und unter Rühren stocken lassen.

Spaghettipfanne mit Käsesauce

(2 Portionen)

Zutaten
2 l Salzwasser
1 TL Speiseöl
1 Lorbeerblatt
200 g Spaghetti
1 Zwiebel
200 g grüne Bohnen
200 g Möhren
200 g Chinakohl
2 TL Speiseöl
1 abgezogene Knoblauchzehe
gerebelter Thymian
getrockneter Rosmarin
Currypulver
frisch gemahlener Pfeffer
geriebene Muskatnuss
Salz
Für die Käsesauce:
2 gestr. TL Butter
1 geh. EL Weizenmehl
250 ml (¼ l) Gemüsebrühe
40 g geriebener Parmesan
80 g geriebener Emmentaler
evtl. Safran oder Kurkuma
30 g Butter

Zubereitungszeit:
35 Minuten

Pro Portion:
E: 37 g, F: 46 g, Kh: 86 g,
kJ: 3994, kcal: 953

FÜR KINDER

1 Salzwasser mit Öl und Lorbeerblatt zum Kochen bringen. Spaghetti nach Packungsaufschrift garen. Auf ein Sieb gießen, abtropfen lassen, Lorbeerblatt entfernen.

2 Zwiebel abziehen, halbieren, in feine Würfel schneiden. Bohnen abfädeln, waschen, 1–2mal durchschneiden. Möhren putzen, schälen. Chinakohl putzen. Beide Zutaten waschen, in etwa 3 cm lange und ½ cm breite Streifen schneiden.

3 Zwiebelwürfel in dem erhitzten Öl glasig dünsten lassen. Gemüse und fein zerdrückte Knoblauchzehe untermischen.

4 Mit den Gewürzen kräftig würzen, salzen. Bei schwacher Hitze etwa 10 Minuten dünsten lassen. Evtl. etwas Wasser dazugießen.

5 Für die Käsesauce Butter zerlassen. Mehl darin leicht andünsten. Brühe hinzugießen, unter Rühren zum Kochen bringen. Sauce etwa 2 Minuten bei schwacher Hitze kochen lassen.

6 Parmesan und Emmentaler unterrühren. Sauce mit Muskat, Pfeffer und Salz abschmecken. Nach Belieben mit etwas Safran oder Kurkuma würzen.

7 Spaghetti in der zerlassenen Butter erhitzen. Gemüse untermischen. Mit Muskat, Pfeffer und Salz abschmecken.

8 Käsesauce untermischen oder separat dazu reichen. Wird die Käsesauce untergemischt, das Gericht sofort servieren.

Chinesische Glasnudelpfanne

(4 Portionen)

Zutaten

10 g getrocknete Mu-err-Pilze
400 g Schweineschnitzel
5–6 EL Speiseöl
Salz
frisch gemahlener Pfeffer
4 EL Sojasauce
100 g Glasnudeln
500 g Porree (Lauch)
2 Stangen (125 g) Staudensellerie
etwa 170 g Sojabohnenkeimlinge (aus der Dose)
etwa 140 g Bambussprossen (aus der Dose)
125 ml (⅛ l) Fleischbrühe
100 ml Sojasauce

Zubereitungszeit:
50 Minuten

Pro Portion:
E: 30 g, F: 31 g, Kh: 11 g, kJ: 2323, kcal: 555

RAFFINIERT

1 Pilze mit kochendheißem Wasser übergießen. Nach Packungsanleitung einweichen, damit die Pilze auf das 4–5fache Volumen ausquellen können.

2 Schweineschnitzel unter fließendem kalten Wasser abspülen, trockentupfen und in dünne Streifen schneiden.

3 3 Eßlöffel Speiseöl erhitzen, die Fleischstreifen in 2 Portionen jeweils etwa 3 Minuten darin braten, herausnehmen, in eine große Pfanne geben und mit Salz, Pfeffer und Sojasauce würzen.

4 Glasnudeln mit heißem Wasser übergießen, kurz ziehen lassen, abgießen, mit einem Messer in Stücke schneiden.

5 Porree putzen, längs halbieren, waschen, abtropfen lassen, in dünne Streifen schneiden.

6 Staudensellerie putzen, waschen, in Streifen schneiden. Sojabohnenkeimlinge abtropfen lassen. Bambussprossen abtropfen lassen, evtl. etwas kleinschneiden.

7 Das restliche Speiseöl erhitzen, das Gemüse und die Pilze darin unter Rühren etwa 5 Minuten dünsten lassen, mit den Glasnudeln zu dem Fleisch geben.

8 Fleischbrühe, Sojasauce hinzugießen, vorsichtig durchrühren, erhitzen, mit Salz und Pfeffer abschmecken.

Reispfannen

Asiatisches Reisfleisch

(4 Portionen)

Zutaten

- 2 Hähnchenbrustfilets (je 180 g)
- 1 kleine Dose Sojabohnenkeimlinge (Abtropfgewicht 160 g)
- 2 kleine Dose Bambussprossen in Streifen (Abtropfgewicht je 140 g)
- 4 Frühlingszwiebeln
- 1 rote Paprikaschote (150 g)
- 4 EL Sesamöl
- Salz
- frisch gemahlener Pfeffer
- 3 EL Sojasauce
- 400 g gekochter Reis (150 g Rohgewicht)
- 1 Messerspitze Sambal Oelek
- 1–2 EL Sambal manis (aus dem Asialaden)

Zubereitungszeit:
30 Minuten

Pro Portion:
E: 30 g, F: 15 g, Kh: 27 g
kJ: 1580, kcal: 378

FÜR GÄSTE

1 Das Hähnchenfleisch kurz unter fließendem, kalten Wasser abspülen, trockentupfen, grob würfeln.

2 Keimlinge und Sprossen in ein Sieb schütten, gut abtropfen lassen.

3 Frühlingszwiebeln putzen, waschen, in Ringe schneiden. Paprikaschote putzen, vierteln, die weißen Scheidewände entfernen, entkernen. Paprikaschote waschen und würfeln.

4 1 Esslöffel Sesamöl erhitzen, Hähnchenwürfel darin scharf anbraten, mit Salz und Pfeffer würzen, herausnehmen und warm stellen.

5 Das restliche Öl erhitzen, nacheinander Zwiebeln, Paprika, Keimlinge und Sprossen sowie den Reis darin braten. Mit Pfeffer, Sojasauce und den Sambals scharf würzen, anrichten, das zuvor gebratene Fleisch darübergeben.

Tipp: *Das Hähnchenbrustfilet grob würfeln, mit 4 Esslöffeln Sojasauce verrühren und 30 Minuten darin marinieren. Vor dem Braten etwas trockentupfen. Das Hähnchenfleisch wird durch das Marinieren besonders zart.*

Asiatische Reispfanne

(3 Portionen)

Zutaten

- 250 g Hähnchenbrustfilet
- ½ rote Paprikaschote
- ½ grüne Paprikaschote
- 5 EL Speiseöl
- 100 g Sojabohnenkeimlinge
- 100 g Bambussprossen
- 2 EL Cashewkerne
- Salz
- frisch gemahlener Pfeffer
- 1 abgezogene, zerdrückte Knoblauchzehe
- 2 EL Austernsauce (aus dem Asia-Laden)
- 2 EL Ingwersirup
- 200 g gekochter Langkornreis

Zubereitungszeit:
40 Minuten

Pro Portion:
E: 30 g, F: 25 g, Kh: 68 g,
kJ: 2581, kcal: 616

RAFFINIERT

1 Hähnchenbrustfilet unter fließendem kalten Wasser abspülen, trockentupfen, in Streifen schneiden. Paprika halbieren, entkernen, die weißen Scheidewände entfernen, Schoten waschen und in Würfel schneiden.

2 Öl erhitzen und das Fleisch darin anbraten.

3 Hähnchenbruststreifen herausnehmen und warm stellen. Im verbleibenden Fett Gemüsezutaten und Cashewkerne andünsten.

4 Die Hähnchenbruststreifen dazugeben, mit Salz, Pfeffer, Knoblauch, Austernsauce und Ingwersirup pikant abschmecken.

5 Zum Schluß mit dem Reis vermischen.

Tipp: *Das in Steifen geschnittene Hähnchenfleisch mit der Austernsauce vermischen und darin etwa 30 Minuten marinieren. Dann jedoch nur sehr vorsichtig würzen. Wer keine Austernsauce mag, kann auch Sojasauce verwenden. Beides gibt es in Asia-Läden oder in gut sortierten Supermärkten. Um 200 g gekochten Reis zu erhalten, müssen etwa 125 g roher Reis gekocht werden.*

Safran-Reis-Pfanne

(4 Portionen)

Zutaten

½ Hähnchen (600 g)
1 mittelgroße Zwiebel
1 Knoblauchzehe
2 Tomaten
4 EL Speiseöl
Salz
frisch gemahlener weißer Pfeffer
250 g Rundkornreis
750 ml (¾ l) heiße Hühnerbrühe
3 EL Sherry
2 Msp. Safranpulver
1 kleine, rote Chilischote
1 rote Paprikaschote
200 g Miesmuscheln
200 g Garnelen mit Schale
10 eingelegte Oliven
1 EL Olivenöl
2 Räucherwürstchen
2 EL gehackte, glatte Petersilie

Zubereitungszeit:
55 Minuten

Pro Portion:
E: 74 g, F: 43 g, Kh: 57 g,
kJ: 3964, kcal: 946

FÜR GÄSTE

1 Hähnchen unter fließendem kalten Wasser abspülen, trockentupfen und in 6 Portionsstücke teilen. Zwiebel und Knoblauch abziehen, fein würfeln.

2 Tomaten kurze Zeit in kochendes Wasser legen (nicht kochen lassen), in kaltem Wasser abschrecken, enthäuten, Stängelansätze herausschneiden, Tomaten achteln.

3 Öl in einer tiefen Pfanne erhitzen und die Hähnchenteile von allen Seiten anbraten, mit Salz und Pfeffer würzen. Zwiebel- und Knoblauchwürfel sowie den Reis hinzugeben und unter ständigem Rühren glasig dünsten. Mit Brühe und Sherry aufgießen, Safran hinzufügen und alles bei schwacher Hitze etwa 15 Minuten kochen.

4 Chilischote abspülen, halbieren, entkernen und in Streifen schneiden. Paprika halbieren, entstielen, entkernen, die weißen Scheidewände entfernen, Schote waschen, trockentupfen, in Streifen schneiden und zu dem Reis geben.

5 Muscheln unter fließendem kalten Wasser abspülen, gründlich bürsten, Barthaare entfernen (geöffnete Muscheln nicht verwenden), mit den abgespülten Garnelenschwänzen auf den Reis legen und etwa 10 Minuten ziehen lassen. Muscheln, die sich nach dem Garen nicht öffnen, sind nicht genießbar.

6 Oliven abtropfen lassen, halbieren, evtl. entkernen. Öl erhitzen und die in Scheiben geschnittenen Räucherwürstchen kurz anbraten. Tomatenachtel mit Oliven und Wurstscheiben in die Safran-Reis-Pfanne geben. Alles vorsichtig umrühren, erwärmen und abschmecken. Mit Petersilie bestreuen.

Tipp: *Das Gericht in 2 Pfannen oder einem Wok zubereiten, da es sich um eine große Menge Zutaten handelt.*

Curry-Reis-Pfanne mit Cabanossi

(4 Portionen – Foto)

Zutaten

4 EL Olivenöl
1 Zwiebel
1–2 Knoblauchzehen
300 g Risottoreis
2 gestr. TL Currypulver
200 ml Weißwein
750 ml (¾ l) Gemüsebrühe
200 g Tomaten
200 g Zuckerschoten
400 g Cabanossi
Salz
frisch gemahlener Pfeffer

Zubereitungszeit:
45 Minuten

Pro Portion:
E: 30 g, F: 51 g, Kh: 71 g
kJ: 3819, kcal: 911

EINFACH

1 Öl in einer tiefen Pfanne erhitzen. Zwiebel und Knoblauchzehen abziehen, würfeln, im Öl andünsten. Den Reis und das Currypulver hinzufügen, unter Rühren darin andünsten.

2 Wein und Brühe nach und nach hinzufügen, etwa 20 Minuten garen, bis die Flüssigkeit aufgesogen ist.

3 Tomaten kurze Zeit in kochendes Wasser legen, in kaltem Wasser abschrecken, enthäuten, die Stängelansätze herausschneiden, die Tomaten vierteln, entkernen und in Spalten schneiden.

4 Zuckerschoten putzen, Enden abschneiden, waschen, abtropfen lassen. Schoten je nach Größe halbieren oder dritteln. Cabanossi schräg in Scheiben schneiden. Beides zum Reis geben und weitere etwa 5 Minuten garen, evtl. noch etwas Wasser hinzufügen. Mit Salz und Pfeffer abschmecken.

Tipp: *Wer keine Zuckerschoten bekommt, kann stattdessen auch 300 g aufgetaute TK-Erbsen oder TK-Prinzessbohnen verwenden.*

Reis-Gemüse-Pfanne

(4 Portionen)

Zutaten

200 g Naturreis
500 ml (½ l) Gemüsebrühe
je 1 rote, grüne und gelbe Paprikaschote
3 Zwiebeln

1 Den Reis in die kochende Brühe geben, zum Kochen bringen, bei schwacher Hitze in etwa 30 Minuten ausquellen lassen.

2 Die Paprikaschoten halbieren, entstielen, entkernen. Die weißen Scheidewände entfernen. Die Schoten waschen, in Streifen schneiden.

(Fortsetzung Seite 52)

2 EL Sonnenblumenöl
100 g Sojabohnen-Keimlinge
1 Becher (150 g) Crème fraîche
Salz
1 TL Paprika, rosenscharf
Pfeffer

Zubereitungszeit:
40 Minuten

Pro Portion:
E: 8 g, F: 19 g, Kh: 43 g
kJ: 1637, kcal: 390

VEGETARISCH

(Fortsetzung von Seite 50)

3 Die Zwiebeln abziehen, halbieren, in Scheiben schneiden. In erhitztem Öl glasig dünsten. Paprikastreifen hinzufügen, zugedeckt etwa 10 Minuten dünsten lassen.

4 Sojabohnen-Keimlinge waschen, verlesen und zum Gemüse geben. Crème fraîche unterrühren. Zuletzt den gut abgetropften Reis unter das Gemüse heben. Kräftig mit Salz und Paprika bestreuen, dazu servieren.

Reis-Fenchel-Pfanne mit Putenbrust

(3 Portionen – Foto)

Zutaten

200 g Langkorn-Reis, Salz
300 g Fenchelknollen
6 EL Distelöl
200 g Austernpilze
250 ml (¼ l) Weißwein
grüner Pfeffer
2 Becher (je 125 g) Crème fraîche mit frischen Kräutern
400 g geräucherte Putenbrust
10 Cocktailtomaten
2 EL gehackte Petersilie
frisch gemahlener Pfeffer

Zubereitungszeit:
40 Minuten

Pro Portion:
E: 40 g, F: 51 g, Kh: 67 g
kJ: 4029, kcal: 962

DAUERT ETWAS LÄNGER

1 Reis in Salzwasser etwa 20 Minuten kochen, auf ein Sieb geben, abtropfen lassen.

2 Fenchel putzen, halbieren, in Scheiben schneiden. Distelöl in einer großen Pfanne erhitzen. Fenchelscheiben darin andünsten.

3 Austernpilze putzen, mit Küchenpapier abreiben, grob zerkleinern, kurz mitdünsten. Weißwein hinzufügen. Die Zutaten mit Salz, zerdrücktem grünen Pfeffer würzen, zugedeckt 5–10 Minuten garen.

4 Crème fraîche unterrühren. Putenbrust würfeln, mit dem Reis zu dem Fenchel geben. Tomaten waschen, halbieren, auf die Zutaten legen, zugedeckt erhitzen. Die Pfanne mit Salz und Pfeffer abschmecken und mit gehackter Petersilie bestreuen.

Gemüsepfanne mit Tomatensauce

(4 Portionen)

Zutaten

2 mittelgroße Zucchini (je 250 g)
1 große Gemüsezwiebel (etwa 400 g)
2 Knoblauchzehen
je 1 große rote, gelbe und grüne Paprikaschote
2 spitze, hellgrüne Paprikaschoten
1 milde, rote Chilischote
4 EL Olivenöl
Salz, Pfeffer, 2 TL Majoran
1 Pck. gewürzte stückige Tomaten, z.B. tomato al gusto mit Basilikum (370 g)
2 große Möhren
2 EL gehackte Kräuter, z. B. Petersilie, Schnittlauch, Basilikum, Oregano

Zubereitungszeit:
35 Minuten

Pro Portion:
E: 5 g, F: 13 g, Kh: 15 g
kJ: 859, kcal: 205

VEGETARISCH

1 Zucchini putzen, Enden abschneiden, Zucchini waschen, längs halbieren, in Scheiben schneiden.

2 Gemüsezwiebel und Knoblauchzehen abziehen, Zwiebel halbieren, in sehr große Würfel schneiden. Knoblauchzehen durch die Presse drücken.

3 Paprikaschoten und Chilischoten putzen, vierteln und entkernen, waschen, Paprikaschoten in große Stücke bzw. Ringe schneiden.

4 Olivenöl erhitzen, die Gemüsesorten nacheinander darin andünsten, mit den Gewürzen bestreuen und zugedeckt etwa 10 Minuten garen.

5 Stückige Tomaten daraufgeben. Möhren schälen, waschen, grob reiben und über das Gemüse verteilen. Alles erhitzen, nochmals kräftig abschmecken, mit den Kräutern bestreuen.

Tipp: *Sie können auch andere Gemüsesorten verwenden, z. B. Auberginen, Zuckerschoten oder Sojasprossen.*

Türkische Gemüsepfanne

(3 Portionen – Foto)

Zutaten

2 rote Paprikaschoten
Salzwasser
1 kleine Aubergine
1 Zucchini
4–6 Knoblauchzehen
6–8 EL Olivenöl
Salz, Pfeffer, Majoran
8 grüne, mit Paprika gefüllte Oliven
1 kleine Dose (320 g) Okraschoten
einige Peperoni

Zubereitungszeit:
25 Minuten

Pro Portion:
E: 4 g, F: 34 g, Kh: 9 g
kJ: 1458, kcal: 348

PREISWERT

1 Paprikaschoten putzen, vierteln, entkernen, waschen und im kochendem Salzwasser 5–8 Minuten kochen. Abgießen, kurz in kaltes Wasser tauchen, abziehen.

2 Aubergine und Zucchini putzen, waschen, beides in Scheiben schneiden.

3 Knoblauchzehen abziehen. Olivenöl erhitzen. Auberginen- und Zucchinischeiben darin anbraten. Knoblauchzehen mit anbraten und alles mit Salz, Pfeffer und Majoran würzen.

4 Die Paprikaschoten, Oliven und die abgetropften Okraschoten hinzufügen, aufkochen lassen. Evtl. etwas Gemüsebrühe hinzufügen, abschmecken und mit Peperoni anrichten.

Tipp: *Dazu Reis oder Knoblauchkartoffeln servieren.*

Schmorpfanne

(4 Portionen)

Zutaten

5 EL Olivenöl
2 Knoblauchzehen
1 TL Salz
1 Zwiebel
1 rote Paprikaschote
1 grüne Paprikaschote
1 Zucchini, 1 kleine Aubergine
1 EL Salz
1 Dose geschälte Tomaten
1–2 EL Essig

1 Das Olivenöl in einer Schmorpfanne erhitzen und die mit Salz zerriebenen Knoblauchzehen darin andünsten.

2 Die Zwiebel abziehen, fein hacken, ins Knoblauchfett geben und kurz mitdünsten. Die Paprikaschoten halbieren, entkernen, unter fließendem kalten Wasser abspülen, gut abtropfen lassen, in Würfel schneiden und zu den Zwiebeln geben. Die Zucchini putzen, unter fließendem kalten Wasser abspülen, trockentupfen und ebenfalls in Würfel

(Fortsetzung Seite 58)

Saft von 1 Zitrone
2 EL Honig
1 TL Thymian
1 TL gemahlener Kreuzkümmel
Salz, Pfeffer
200 g geriebener Hartkäse, z. B. Emmentaler
1 Bund Petersilie

Zubereitungszeit:
45 Minuten

Pro Portion:
E: 17 g, F: 31 g, Kh: 15 g
kJ: 1780, kcal: 425

DAUERT LÄNGER

(Fortsetzung von Seite 56)

schneiden. Die Aubergine putzen, in Würfel schneiden und mit Salz bestreuen. 10 Minuten ziehen lassen, trockentupfen.

3 Die Auberginenwürfel mit den Zucchiniwürfeln zum restlichen Gemüse geben. Die geschälten Tomaten unter das Gemüse heben, dabei die Tomaten zerdrücken. Essig, Zitronensaft, Honig, Thymian und Kreuzkümmel unterrühren, mit Salz und Pfeffer würzen. Die Schmorpfanne etwa 15 Minuten garen.

4 Anschließend den geriebenen Käse über das Gemüse streuen. Den Käse 5–8 Minuten schmelzen lassen. Danach das Gemüse anrichten, mit der verlesenen, gewaschenen und feingehackten Petersilie bestreut servieren.

Zucchini-Paprika-Pfanne

(3 Portionen – Foto)

Zutaten

150 g Langkornreis
40 g Butter
400 ml Gemüsebrühe
2 Zucchini
2 rote Paprikaschoten
1 grüne Paprikaschote
5 EL Olivenöl
2 Knoblauchzehen
Salz
frisch gemahlener Pfeffer
glatte Petersilie

Zubereitungszeit:
35 Minuten

Pro Portion:
E: 17 g, F: 31 g, Kh: 15 g,
kJ: 1780, kcal: 425

VEGETARISCH

1 Den Langkornreis in zerlassener Butter andünsten, mit Brühe aufgießen. Zugedeckt 20–25 Minuten garen.

2 Zucchini putzen, Enden abschneiden, Zucchini waschen und in Scheiben schneiden.

3 Paprikaschoten putzen, vierteln, Kerne und weiße Scheidewände entfernen. Paprika waschen, in Stücke oder Streifen schneiden und im erhitzten Öl 5 Minuten andünsten.

4 Zucchinischeiben hinzufügen. Knoblauchzehen abziehen, durch die Presse geben, mit andünsten und mit Salz und Pfeffer würzen. Alles zu dem Reis geben und 5 Minuten erwärmen.

Tipp: *Nach Belieben mit Petersilie bestreuen. Gut schmeckt die Pfanne auch, wenn zum Schluss in Würfel geschnittener Schafskäse untergehoben wird und dieser leicht schmilzt. Sehr gut schmeckt dieses Gericht auch mit frischem oder getrocknetem Majoran. Als Beilage passt auch aufgebackenes Pitabrot oder Sie servieren zusätzlich gegrillte Lammkoteletts dazu.*

Gefüllte Zucchiniröllchen mit Tomatensauce

(4 Portionen)

Zutaten

je 1 gelbe und grüne Zucchini (je 300 g)
4 EL Olivenöl
Salz
frisch gemahlener Pfeffer

Für die Füllung:
40 g Pinienkerne
½ Topf Basilikum
1 Bund glatte Petersilie
1 abgezogene Schalotte
2 abgezogene Knoblauchzehen
125 g Mozzarella
50 g geriebener Parmesankäse
200 g Doppelrahmfrischkäse

Für die Tomatensauce:
500 g Tomaten
1 abgezogene Schalotte
4 Salbeiblätter
1 EL Olivenöl
1 Prise Zucker
1 TL Surig Essig-Essenz
100 ml Tomatensaft

Salbeiblättchen zum Garnieren

Zubereitungszeit:
45 Minuten

Pro Portion:
E: 23 g, F: 46 g, Kh: 14 g, kJ: 2471, kcal: 591

VEGETARISCH

1 Zucchini putzen, Enden abschneiden. Zucchini waschen, trockentupfen, längs mit dem Sparschäler in je 8 dünne Scheiben schneiden. Die Reste für die Sauce würfeln, beiseite stellen. Die Scheiben in einer Pfanne mit erhitztem Öl nacheinander kurz anbraten, mit Salz und Pfeffer würzen, auf Küchenpapier legen.

2 Pinienkerne in einer Pfanne ohne Fett goldbraun rösten, abkühlen lassen und ⅔ davon grob zerkleinern. Die Kräuter abspülen, trockentupfen, sehr fein hacken. Schalotten, Knoblauchzehen und Mozzarella fein würfeln. Die grob zerkleinerten Pinienkerne mit Kräutern, Schalotten-, Knoblauch- und Mozzarellawürfeln mischen, mit Parmesan und Frischkäse zu einer Masse verrühren.

3 Je eine gelbe und grüne Zucchinischeibe aufeinanderlegen, die Käsemasse darauf verteilen. Die Scheiben aufrollen, mit Küchengarn umwickeln und zusammenbinden.

4 Für die Sauce die Tomaten kurze Zeit in kochendes Wasser legen (nicht kochen lassen), enthäuten, die Stängelansätze herausschneiden. Tomaten erntkernen, das Fruchtfleisch würfeln. Salbei, die geviertelte Schalotte und die Zucchiniwürfel in erhitztem Öl galsig dünsten. Tomaten, Gewürze, Essig-Essenz und Tomatensaft zugeben und aufkochen lassen. Etwa 5 Minuten offen köcheln lassen. Die Zucchiniröllchen in das Sugo stellen und langsam erhitzen.

5 Röllchen auf einer Platte mit der Toamtensauce anrichten, mit den restlichen Pinienkernen und Salbeiblättchen garnieren.

Spiegeleier „Pedro“

(3 Portionen – Foto)

Zutaten

300 g Chorizo oder Cabanossi (Wurst)
2 Fleischtomaten
300 g TK-Erbsen
1 Bund Frühlingszwiebeln
4 EL Olivenöl
3 EL Butter
4 Eier (Größe M)

Zum Garnieren:
bunter, geschroteter Pfeffer
Estragonzweige

Zubereitungszeit:
30 Minuten

Pro Portion:
E: 39 g, F: 71 g, Kh: 19 g
kJ: 3798, kcal: 907

FÜR KINDER

1 Die Wurst in dünne Scheiben schneiden. Die Tomaten waschen, Stängelansätze entfernen, enthäuten, entkernen. Die Tomaten in 1 cm große Würfel schneiden. Die Erbsen in Salzwasser 3 Minuten blanchieren. Die Frühlingszwiebeln putzen, waschen, in Ringe schneiden.

2 Die Wurstscheiben in der Hälfte des Olivenöls auf beiden Seiten in einer backofenfesten Pfanne kurz braten, warmstellen. Die Tomaten und die Frühlingszwiebeln in dem restlichen Olivenöl und 1 Esslöffel Butter kurz erhitzen, die Erbsen und die Wurst dazugeben.

3 Die Eier aufschlagen, auf das Gemüse gleiten lassen. Im Backofen auf dem Rost auf mittlerer Einschubhöhe stocken lassen.

Ober-/Unterhitze: etwa 180 °C (vorgeheizt)
Heißluft: etwa 160 °C (nicht vorgeheizt)
Gas: Stufe 2–3 (vorgeheizt)
Backzeit: etwa 15 Minuten.

4 Mit geschrotetem Pfeffer bestreuen und mit Estragonzweigen garnieren.

Tipp: *Diese Gericht eignet sich als Vorspeise für 4 Personen, als Hauptgericht für 2 Personen.*

Gemüsepfanne

(4 Portionen)

Zutaten

350 g Zucchini
350 g Auberginen
400 g Möhren
1 Zwiebel
6 EL Pflanzenöl
1 Knoblauchzehe
1 TL Thymian, gerebelt

1 Zucchini und Auberginen waschen, Stängelansätze abschneiden.

2 Möhren schälen, das Gemüse in gleichgroße Stifte oder Würfel schneiden. Die abgezogene Zwiebel halbieren, in feine Würfel schneiden.

(Fortsetzung Seite 64)

(Fortsetzung von Seite 62)

½ TL Rosmarin, gerebelt
1 TL Curry
frisch gemahlener Pfeffer
geriebene Muskatnuss
Salz

Zubereitungszeit:
25 Minuten

Pro Portion:
E: 3 g, F: 19 g, Kh: 10 g
kJ: 961, kcal: 230

VEGETARISCH – EINFACH

3 Das Öl erhitzen. Die Zwiebelwürfel darin glasig dünsten. Das Gemüse portionsweise hinzufügen und anbraten. Die abgezogene Knoblauchzehe in eine Knoblauchpresse geben, auf das Gemüse drücken.

4 Mit Thymian, Rosmarin, Curry, Pfeffer und Muskat würzen. Evtl. etwas Wasser dazugießen.

Gemüsepfanne mit geröstetem Sesam

(3 Portionen – Foto)

Zutaten

50 g Sesamsamen
300 g Möhren
300 g Broccoliröschen (ungeputzt etwa 600 g)
1 Stange (200 g) Porree (Lauch)
4 Stangen Staudensellerie
Salzwasser
4 EL Olivenöl
Salz
frisch gemahlener Pfeffer

Zubereitungszeit:
30 Minuten

Pro Portion:
E: 13 g, F: 25 g, Kh: 18 g,
kJ: 1450, kcal: 347

VEGETARISCH

1 Sesamsamen ohne Fett vorsichtig in einer Pfanne rösten (am besten mit Spritzschutz).

2 Möhren putzen, schälen, waschen, in Stifte schneiden. Broccoliröschen waschen. Porree putzen, halbieren, waschen, in Ringe schneiden. Staudensellerie waschen, in schmale Stücke schneiden.

3 Möhrenstifte, Selleriestücke und Broccoliröschen in kochendem Salzasser etwa 3 Minuten blanchieren. Anschließend in ein Sieb gießen und unter fließendem, kalten Wasser abschrecken, gut abtropfen lassen.

4 In einer beschichteten Pfanne Olivenöl erhitzen, Gemüse darin anbraten,mit Salz und Pfeffer würzen, zum Schluss mit geröstetem Sesam bestreuen.

Beilage: *Vollkorn-Reis.*

Tipp: *Möchten Sie dieses Gericht mit Fleisch servieren, braten Sie in Streifen geschnittenes Schweine- oder Putenschnitzel in der Pfanne an, würzen es mit Salz und Pfeffer und stellen es abgedeckt bei etwa 80 °C in den Backofen. Kurz vor dem Servieren, sollten Sie das Fleisch dann unterheben.*

Auberginen „Lido“

(2 Portionen)

Zutaten

- 2 kleine Auberginen (je 200 g)
- Salz
- 6–8 EL Speiseöl
- 2 Knoblauchzehen
- 1 Dose (400 g) Tomatenstücke
- Salz
- frisch gemahlener Pfeffer
- Majoran
- Basilikumblättchen
- Zitronenachtel

Zubereitungszeit:
40 Minuten

Pro Portion:
E: 4 g, F: 43 g, Kh: 12 g, kJ: 1957, kcal: 467

VEGETARISCH

1 Auberginen waschen, abtrocken, die Stängelansätze abschneiden. Die Aubergine in etwa 2 cm große Würfel schneiden, mit Salz bestreuen, etwa 20 Minuten ziehen lassen, anschließend trockentupfen.

2 Das Speiseöl in einer Pfanne erhitzen und die Auberginen bei starker Hitze portionsweise schnell anbraten. Zum Abtropfen auf Küchenpapier geben.

3 Knoblauchzehen abziehen, hacken, in das heiße Bratfett geben und mit den Tomatenstücken ablöschen.

4 Mit Salz, Pfeffer und Majoran abschmecken. Die Auberginenwürfel hineingeben, durchrühren, lauwarm servieren.

5 Mit Basilikumblättchen garnieren und mit Zitronenachteln servieren.

Beilage: *Fladenbrot.*

Tipp: *Wer dieses Gericht mit Fleisch servieren möchten, kann zusammen mit den Knoblauchzehen (Punkt 3) Lammhackfleisch oder in feine Streifen geschnittenen Lammrücken mit anbraten und mit den Tomaten ablöschen.*

Linsengemüse mit Schalotten

(4 Portionen)

Zutaten

150 g Linsen
75 g magerer Speck
1 Bund Suppengrün
(Porree, Möhren, Sellerie)
10 kleine Schalotten
2 EL Speiseöl
20 g Butter
200 ml Fleischbrühe
1 Knoblauchzehe
Salz
frisch gemahlener Pfeffer
1 Prise Zucker
etwas Essig
200 g Leberkäse in Würfeln
2 Tomaten in Spalten
(je 80 g)

Zubereitungszeit:
40 Minuten, ohne Einweichzeit

Pro Portion:
E: 18 g, F: 43 g, Kh: 24 g,
kJ: 2436, kcal: 582

PREISWERT – RAFFINIERT

1 Linsen in Wasser etwa 2 Stunden einweichen.

2 Speck in Würfel schneiden. Suppengrün putzen, waschen, in Würfel schneiden. Schalotten abziehen und würfeln.

3 Öl und Butter in einer großen Pfanne erhitzen. Speckwürfel darin auslassen. Schalottenwürfel, die gut abgetropften Linsen und das gewürfelte Suppengrün hinzufügen, alles unter Rühren andünsten.

4 Die Brühe hinzufügen, zum Kochen bringen und 25–30 Minuten garen. Mit der abgezogenen, gewürfelten Knoblauchzehe, Salz, Pfeffer und Essig würzen.

5 Leberkäse in Würfel schneiden. Aus den Tomaten die Stängelansätze herausschneiden. Leberkäse und Tomaten zu den Linsen geben, erhitzen und nochmals abschmecken.

Beilagentipp: *Kleine, gekochte Kartoffeln.*

Shii-Take-Gemüse-Pfanne

(4 Portionen)

Zutaten

60 g Weizenkörner
125 ml (⅛ l) Gemüsebrühe
2 EL Sojasauce
1 kleine Zwiebel (50 g)
2 EL Butter
200 g Möhren
1 Kohlrabi
200 g möglichst kleine Zucchini
400 g Shii-Take-Pilze
Salz
schwarzer Pfeffer
Zitronensaft
1 Knoblauchzehe
1 Kästchen Kresse

Zubereitungszeit:
60 Minuten, ohne Einweichzeit

Pro Portion:
E: 14 g, F: 6 g, Kh: 86 g,
kJ: 1998, kcal: 477

RAFFINIERT – VEGETARISCH

1 Weizenkörner über Nacht in kaltem Wasser einweichen, auf ein Sieb geben, in Brühe und Sojasauce etwa 15 Minuten kochen.

2 Zwiebel abziehen und fein würfeln. Butter zerlassen und Zwiebelwürfel weich dünsten.

3 Möhren putzen, schälen und waschen. Kohlrabi schälen und waschen. Beide Zutaten klein würfeln. Zucchini waschen, vom Stängelansatz befreien, längs vierteln und in Stücke schneiden.

4 Shii-Take-Pilze mit Küchenpapier abreiben, von dickeren Stängeln befreien, zu den Zwiebeln geben, kurz und kräftig andünsten.

5 Gemüse zugeben, untermischen, mit Salz, Pfeffer und Zitronensaft würzen.

6 Knoblauchzehe abziehen und durch die Knoblauchpresse ins Gemüse drücken. Gemüse etwa 5 Minuten schmoren. Weizenkörner mit der Hälfte der Brühe hinzufügen, weitere 7 Minuten schmoren, evtl. nochmals mit Salz, Pfeffer und Zitronensaft abschmecken.

7 Kresse putzen, waschen, abtropfen lassen, über das Gemüse geben und umrühren.

Pilzpfanne mit Speck

(3 Portionen – Foto)

Zutaten

- 250 g Champignons
- 250 g Austernpilze
- 250 g Shii-Take Pilze
- 3–4 EL Speiseöl
- 75 g durchwachsener Räucherspeck
- 1 Zwiebel
- Salz
- frisch gemahlener Pfeffer
- 1 TL Essig-Essenz (25 %)
- 1 Bund Frühlingszwiebeln

Zubereitungszeit:
30 Minuten

Pro Portion:
E: 15 g, F: 27 g, Kh: 66 g, kJ: 2547, kcal: 608

EINFACH – SCHNELL

1 Pilze putzen, mit Küchenpapier abreiben, evtl. waschen, gut abtrocknen und größere Pilze in Stücke schneiden. Öl in einer großen Pfanne erhitzen, Räucherspeck in Würfel schneiden, knusprig ausbraten und herausnehmen.

2 Zwiebel abziehen und würfeln, in dem Fett andünsten.

3 Pilze portionsweise darin anbraten, mit Salz und Pfeffer bestreuen, Essig-Essenz zugeben.

4 Frühlingszwiebeln putzen, waschen, in schräge Scheiben schneiden, zugeben. Mit wenig Salz und reichlich frisch gemahlenem Pfeffer würzen. Mit den zurückgelassenen Speckwürfeln bestreuen.

Beilagentipp: *Pellkartoffeln oder Semmelknödel oder die Pilzpfanne zu gegrilltem Fleisch servieren.*

Pilzragout

(3 Portionen)

Zutaten

- 500 g gemischte Pilze, z. B. Champignons, Austernpilze, Pfifferlinge, Shii-take,
- 1 Bund Frühlingszwiebeln
- 4 EL Sonnenblumenöl, z. B. von Thomy
- 250 ml (¼ l) Schlagsahne
- 125 ml (⅛ l) Gemüsebrühe
- Salz, Pfeffer
- 2 EL gehackte Petersilie

1 Pilze putzen, mit Küchenpapier abreiben, evtl. abspülen, gut trocken tupfen, in Stücke oder Scheiben schneiden. Frühlingszwiebeln putzen, waschen und in Scheiben schneiden.

2 Sonnenblumenöl erhitzen, die Pilze darin in Portionen gut anbraten. Schlagsahne und Gemüsebrühe hinzufügen und zum Kochen bringen.

(Fortsetzung Seite 74)

(Fortsetzung von Seite 72)

Zubereitungszeit:
25 Minuten

Pro Portion:
E: 6 g, F: 43 g, Kh: 9 g,
kJ: 2011, kcal: 480

VEGETARISCH

3 Die Frühlingszwiebeln hinzugeben und 1–2 Minuten mitgaren lassen. Mit Salz und Pfeffer abschmecken. Zum Servieren die gehackte Petersilie darüberstreuen.

Beilagentipp: *Dazu in Scheiben geschnittene Serviettenknödel servieren.*

Tipp: *Die Sauce mit Saucenbinder für helle Saucen, z. B. von Maggi, binden.*

Pilzpfanne mit Schinkenspeck

(4 Portionen – Foto)

Zutaten

- 2 große Zwiebeln
- 300 g Austernpilze
- 300 g Shi-Take-Pilze
- 400 g Creme-Champignons
- 3 EL Speiseöl
- 125 g magerer Schinkenspeck
- Salz
- grober, schwarzer Pfeffer
- 2 Zweige frischer Estragon
- gerebelter Oregano

Zubereitungszeit:
35 Minuten

Pro Portion:
E: 13 g, F: 31 g, Kh: 58 g,
kJ: 2533, kcal: 605

ETWAS TEURER - KLASSISCH

1 Zwiebeln abziehen, in Ringe schneiden. Pilze putzen, mit Küchenpapier abreiben, evtl. abspülen, dann trockentupfen. Die Pilze in Stücke oder Scheiben schneiden.

2 Speiseöl erhitzen, die Zwiebelringe darin andünsten, herausnehmen und beiseite stellen. Die Pilze portionsweise in dem Öl anbraten, herausnehmen.

3 Schinkenspeck in Streifen schneiden, in dem verbliebenem Fett andünsten. Die Zwiebeln und Pilze wieder in die Pfanne geben, mit Salz und Pfeffer kräftig würzen.

4 Estragon abspülen, mit dem Oregano in die Pilzpfanne geben.

Tipp: *Zu kurzgebratenem Fleisch servieren. Die Pilzpfanne mit etwas Sahne verrühren.Die Pilzpfanne kann statt mit Schinkenspeck auch mit gekochtem Schinken zubereitet werden. Dann 125 g gekochten Schinken in Streifen schneiden und zusammen mit 125 ml (⅛ l) Schlagsahne kurz vor dem Servieren unterrühren und erhitzen.*

Tofu-Pilz-Pfanne

(4 Portionen)

Zutaten

200 g Tofu
2 EL Sojasauce
100 g Zuckerschoten
125 ml (⅛ l) Gemüsebrühe
200 g Sojabohnensprossen
200 g Shii-Take-Pilze
1 frische Chilischote
3 EL Sesamöl
30 g Butter
2 Knoblauchzehen
Salz
frisch gemahlener Pfeffer

Zubereitungszeit:
30 Minuten

Pro Portion:
E: 11 g, F: 19 g, Kh: 44 g,
kJ: 1688, kcal: 403

SCHNELL – VEGETARISCH

1 Tofu abtropfen lassen, in etwa 1½ cm große Würfel schneiden, mit Sojasauce beträufeln und durchziehen lassen.

2 Zuckerschoten waschen und die Enden abschneiden. Brühe erhitzen, die Zuckerschoten darin etwa 4 Minuten garen, abgießen und die Brühe auffangen.

3 Sojabohnensprossen verlesen und waschen. Shii-Take-Pilze putzen, mit Küchenpapier abreiben, evtl. abspülen und die dicken, unteren Stiele entfernen. Die Pilze in Streifen schneiden.

4 Chilischote waschen, halbieren, die Kerne entfernen und die Schote in Streifen schneiden. Etwas Sesamöl und Butter in einer Pfanne zerlassen, die Pilzstreifen unter Rühren darin andünsten.

5 Knoblauch abziehen, zerdrücken, zu den Pilzstreifen geben, salzen und pfeffern. Chilischotenstreifen, Zuckerschoten, Sojabohnensprossen und Brühe dazugeben, umrühren und noch etwa 5 Minuten garen.

6 Tofuwürfel mit der Sojasauce hinzufügen, kurz erhitzen und nochmals abschmecken.

Fischpfannen

Lachs-Mangold-Pfanne mit Tomaten

(4 Portionen)

Zutaten

1 Staude Mangold (etwa 750 g)
2 Zwiebeln
2 Pck. TK- Lachs à 250 g
3 EL Speiseöl
Salz
frisch gemahlener Pfeffer
Paprika edelsüß
200 g kleine Cocktailtomaten
8 Garnelenschwänze, gekocht (ohne Schale)
nach Belieben 2 EL geröstete Sesamsamen

Zubereitungszeit:
25 Minuten

Pro Portion:
E: 34 g, F: 30 g, Kh: 8 g
kJ: 1970, kcal: 471

ETWAS TEURER

1 Mangold putzen, halbieren, den Strunk herausschneiden, waschen. Mangold in nicht zu feine Streifen schneiden.

2 Zwiebeln abziehen, würfeln. Lachsfilet etwas antauen lassen, jedes Filet in je 3 Stücke schneiden.

3 Öl in einer Pfanne erhitzen, Lachsstücke darin anbraten, mit den Gewürzen bestreuen. Mangoldstreifen und Zwiebelwürfel hinzufügen, mit andünsten, nochmals würzen. Alles zusammen zugedeckt etwa 10 Minuten dünsten, evtl. etwas Wasser hinzufügen.

4 Cocktailtomaten abspülen, die Stängelansätze herausschneiden. Tomaten mit den Garnelen etwa 2 Minuten vor Beendigung der Garzeit auf den Mangold legen, zugedeckt fertig garen. Evtl. nochmals mit den Gewürzen abschmecken. Nach Belieben mit geröstetem Sesam bestreuen.

Tipp: *Dazu schmecken in Butter geschwenkte Bandnudeln oder Fladenbrot. Dieses Gericht schmeckt auch mit Blattspinat sehr gut.*

Fisch-Gemüse-Pfanne

(4 Portionen – Foto)

Zutaten

400 g TK-Fischfilet, z.B. Seelachs, Rotbarsch
1 Pck. (300 g) TK Pfannengemüse französisch
300 ml Wasser
1 Beutel Fix für Spaghetti Napoli (2–3 Portionen z. B. von Maggi)
1–2 EL Zitronensaft
Salz, Pfeffer, Paprika

Zubereitungszeit:
35 Minuten

Pro Portion:
E: 24 g, F: 11 g, Kh: 16 g
kJ: 1203, kcal: 287

EINFACH

1 Fischfilet etwas antauen lassen, trockentupfen.

2 Pfannengemüse 3–4 Minuten in einer Pfanne unter Rühren braten. Wasser zugeben. Fix für Spaghetti Napoli einrühren und aufkochen lassen.

3 Fischfilet in Würfel schneiden, mit Zitronensaft vermischen. Mit Salz, Pfeffer und Paprika würzen, zum Gemüse geben und zugedeckt 6–8 Minuten dünsten lassen.

Tipp: *Zusätzlich 1 Päckchen stückige Tomaten mit 2–3 Esslöffeln Weißwein einrühren und erhitzen. Die Fisch-Gemüse-Pfanne nach Belieben mit Cayennepfeffer abschmecken.*

Beilage: *Kartoffelbrei, Reis oder Baguette.*

Fischpfanne mit Frühlingszwiebeln und Tomaten

(4 Portionen)

Zutaten

1 Bund Frühlingszwiebeln
4 Tomaten
2 Knoblauchzehen
8 Schollenfilets à 100 g
Kräutersalz, Pfeffer
2 EL Weizenmehl
3 EL Speiseöl
1 Becher (150 g) Crème fraîche
½ Bund Dill

1 Frühlingszwiebeln putzen, waschen, in Ringe schneiden. Tomaten enthäuten, die Stängelansätze herausschneiden, die Tomaten entkernen, in Stücke schneiden. Knoblauch abziehen, durch die Presse geben.

2 Schollenfilets unter fließendem kalten Wasser abspülen, trockentupfen. Mit Kräutersalz und Pfeffer würzen, mit Mehl bestäuben.

(Fortsetzung Seite 82)

(Fortsetzung von Seite 80)

Zubereitungszeit:
30 Minuten

Pro Portion:
E: 37 g, F: 24 g, Kh: 9 g,
kJ: 1787, kcal: 428

SCHNELL

3 Öl erhitzen, die Filets darin von beiden Seiten anbraten, herausnehmen, warm stellen.

4 Das Gemüse in dem verbliebenen Fett andünsten, Crème fraîche unterrühren. Feingeschnittenen Dill unterheben. Mit Salz und Pfeffer abschmecken. Die Schollenfilets darauf anrichten.

Räucherfischpfanne mit Kartoffeln und Porree

(3 Portionen – Foto)

Zutaten

600 g Kartoffeln
6 EL Speiseöl
1 Stange Porree (Lauch)
1 rote Paprikaschote (150 g)
Salz
frisch gemahlener Pfeffer
gerebelter Majoran, frisch oder getrocknet
300 g Räucherfischwürfel (Aal, Forelle, Schillerlocke)
1 Pck. Kresse

Zubereitungszeit:
40 Minuten

Pro Portion:
E: 26 g, F: 57 g, Kh: 33 g,
kJ: 3303, kcal: 788

RAFFINIERT – ETWAS TEURER

1 Kartoffeln waschen, schälen, waschen, trockentupfen. Kartoffeln in feine Scheiben schneiden oder hobeln. In einer großen ofenfesten Pfanne 4 Esslöffel Öl erhitzen, Kartoffelscheiben darin kräftig anbraten.

2 Porree putzen, halbieren, gründlich waschen, in Ringe schneiden. Paprikaschote putzen, vierteln, entkernen, waschen. Paprika in Streifen schneiden. Beide Zutaten zu den Kartoffeln geben. Mit Salz, Pfeffer und Majoran würzen. Pfanne auf dem Rost in den Backofen stellen.

Ober-/Unterhitze: *etwa 200 °C (vorgeheizt)*
Heißluft: *etwa 180 °C (nicht vorgeheizt)*
Gas: *Stufe 3–4 (vorgeheizt)*
Backzeit: *etwa 15 Minuten*

3 Nach etwa 5 Minuten das Gemüse einmal wenden, den in Würfel geschnittenen Räucherfisch daraufgeben, mit dem restlichen Öl beträufeln und fertig garen.

4 Die Kresse vorsichtig abschneiden, kurz abspülen und trockentupfen. Die Räucherfischpfanne mit Kresse bestreut servieren.

Beilagentipp: *Blatt- oder gemischten Salat als Vorspeise oder als Beilage reichen.*

Kräuterdorsch mit Gurken und Dill

(4 Portionen)

Zutaten

4 Stücke (je 150 g) küchenfertiges Dorschfilet
Salz
frisch gemahlener Pfeffer
Zitronensaft
2 EL Weizenmehl
4 EL Speiseöl
1 Pck. TK-Kräuter der Provence
2 kleine Salatgurken (je 400–500 g)
1 Zwiebel
50 g Butter
1 abgezogene Knoblauchzehe
1 Pck. TK-Dill

Zubereitungszeit:
30 Minuten

Pro Portion:
E: 29 g, F: 24 g, Kh: 7 g, kJ: 1597, kcal: 380

EINFACH

1 Das Dorschfilet unter fließendem kalten Wasser abspülen, trockentupfen. Mit Salz, Pfeffer und Zitronensaft würzen, leicht mit Mehl bestäuben. In erhitztem Öl von beiden Seiten anbraten. Kräuter der Provence auf die Oberseite der Filets streuen, die Filets auf eine vorgewärmte Platte legen, mit Alufolie abdecken und im vorgeheizten Backofen auf dem Rost bei 120–150 °C warmstellen.

2 Zwischenzeitlich beide Salatgurken schälen, längs halbieren, mit einem Teelöffel das Kerngehäuse entfernen (es enthält zuviel Flüssigkeit), in 1 cm dicke Stücke schneiden. Zwiebel abziehen, würfeln.

3 Butter in einer Pfanne erhitzen. Zwiebelwürfel und Gurkenstückchen darin andünsten, mit Salz, Pfeffer, durchgepresstem Knoblauch und Dill würzen, etwa 5 Minuten garen.

4 Den Fisch auf dem Gurkengemüsse anrichten und die ausgetretene Flüssigkeit darüberträufeln, sofort servieren.

Tipp: *Evtl. mit 50 ml Schlagsahne verfeinern.*

Beilagentipp: *Knoblauch-Butter-Kartoffeln.*

Goldbarschpfanne mit Shrimps

(2 Portionen – Foto)

Zutaten

300 g Goldbarschfilet
100 g Champignons
2 Knoblauchzehen
1 EL Speiseöl
150 g Shrimps
2 cl Weinbrand
Salz
frisch gemahlener Pfeffer
2 EL Schlagsahne
Petersilie

Zubereitungszeit:
20 Minuten

Pro Portion:
E: 21 g, F: 9 g, Kh: 2 g
kJ: 828, kcal: 197

RAFFINIERT – SCHNELL

1 Goldbarschfilet unter fließendem kalten Wasser abspülen, trockentupfen, evtl. vorhandene Gräten entfernen. Fischfilet in etwa 3 cm große Würfel schneiden.

2 Champignons putzen, mit Küchenpapier abreiben, in feine Scheiben schneiden. Knoblauch abziehen, grob würfeln.

3 Öl in einer Pfanne erhitzen, Champignons mit Knoblauch darin anbraten. Die Goldbarschwürfel dazugeben, kurz mit anbraten, Shrimps hinzufügen, alles in der geschlossenen Pfanne etwa 5 Minuten garen.

4 Mit Weinbrand, Salz und Pfeffer abschmecken. Mit Sahne verfeinern.

5 Petersilie unter fließendem kalten Wasser abspülen, trockentupfen, fein hacken, über den Fisch streuen, sofort servieren.

Beilage: *Reis, Nudeln, Röstkartoffeln, Blattsalat.*

Muschel-Tomaten-Pfanne

(2 Portionen)

Zutaten

400 g TK-Muscheln mit Schale
2 Knoblauchzehen
200 g Zucchini
300 g Tomaten
3 EL Olivenöl
1 EL Tomatenketchup
1 kleine Dose (400 g) passierte Tomaten
Salz
frisch gemahlener Pfeffer
Cayennepfeffer

1 Muscheln aus der Packung nehmen und etwas antauen lassen. Knoblauchzehen abziehen. Zucchini putzen, Enden abschneiden. Zucchini waschen, längs halbieren und in Scheiben schneiden. Tomaten waschen, Stängelansätze herausschneiden. Tomaten evtl. abziehen und entkernen, das Fruchtfleisch in Würfel schneiden.

2 Olivenöl in einer großen Pfanne erhitzen. Knoblauch durch die Presse drücken und zusammen mit den Zucchinischeiben darin andünsten. Tomatenstücke, Tomatenketchup und die passierten Tomaten hinzufügen, mit den Gewürzen bestreuen.

(Fortsetzung Seite 88)

(Fortsetzung von Seite 86)

Zubereitungszeit:
35 Minuten

Pro Portion:
E: 14 g, F: 20 g, Kh: 15 g,
kJ: 1317, kcal: 314

RAFFINIERT

3 Die Muscheln evtl. kurz abspülen und mit in die Pfanne geben, mit Deckel etwa 15 Minuten langsam erwärmen und garen. Umrühren und evtl. nochmals abschmekken. Muscheln, die sich nach dem Garen nicht öffnen, sind nicht genießbar.

Beilagentipp: *Dazu paßt Fladenbrot oder Baguette.*

Tipp: *Wenn Sie zu dieser Pfanne 250 g Spaghetti kochen, reicht das Gericht für 4 Portionen.*

Garnelenpfanne

(4 Portionen – Foto)

Zutaten

- 6 EL Olivenöl
- 2 mittelgroße Zwiebeln
- 6 Tomaten
- 2 Knoblauchzehen
- Salz
- 125 ml (⅛ l) Weißwein
- 125 ml (⅛ l) kräftige Hühnerbrühe
- 3 EL gehackter Dill
- 1 EL gehackte Petersilie
- einige Safranfäden
- 300 g Feta-Käse
- 600 g Garnelen ohne Schale

Zubereitungszeit:
35 Minuten

Pro Portion:
E: 43 g, F: 36 g, Kh: 11 g,
kJ: 2594, kcal: 620

RAFFINIERT – FÜR GÄSTE

1 Öl in einer schweren Pfanne erhitzen, die abgezogenen, gehackten Zwiebeln darin leicht andünsten.

2 Tomaten in kochendes Wasser geben, in kaltem Wasser abschrecken, enthäuten, die Stängelansätze herausschneiden. Die Tomaten kleinschneiden und zu den Zwiebeln geben.

3 Knoblauchzehen abziehen, hacken, mit Salz verreiben und in die Tomatenmasse geben. Weißwein und Brühe hinzugießen, alles gut verrühren, aufkochen lassen. Gehackte Kräuter und Safranfäden zugeben.

4 Feta-Käse in kleine Würfel schneiden, hineinrühren. Von den Garnelen den Darm entfernen, Garnelen unter fließendem kalten Wasser abspülen, trockentupfen. Garnelen in die Sauce geben und 5 Minuten ziehen lassen.

Barbecue-Garnelen-Pfanne

(3 Portionen)

Zutaten

1 Pck. Barbecue-Garnelen, etwa 300 g
300 g Kartoffeln
5 EL Olivenöl
je ½ rote und gelbe Paprikaschote
150 g Zucchini
4 Eier (Größe M)
125 ml (⅛ l) Schlagsahne
50 g frischer Parmesan
2 Tomaten
Schnittlauchröllchen
Salz

Zubereitungszeit:
25 Minuten, ohne Auftauzeit

Pro Portion:
E: 26 g, F: 47 g, Kh: 16 g, kJ: 2601, kcal: 621

RAFFINIERT

1 Die Garnelen nach Packungsanweisung auftauen.

2 Kartoffeln waschen, schälen, waschen, in Scheiben schneiden, in 2 Esslöffeln Olivenöl braten, warm stellen.

3 Paprikaschoten entstielen, entkernen, die weißen Scheidewände entfernen. Die Schoten waschen, in feine Streifen schneiden. Zucchini waschen, die Enden abschneiden. Zucchini in Scheiben schneiden. Beide Gemüse in 3 Esslöffeln Öl andünsten, zu den Kartoffeln geben.

4 Garnelen im zurückgebliebenen Öl anbraten. Gemüse und Kartoffeln hinzufügen.

5 Eier mit der Sahne verrühren, salzen, in die Pfanne geben. Parmesan darübergeben.

6 Tomaten kurze Zeit in kochendes Wasser legen (nicht kochen lassen), in kaltem Wasser abschrecken, enthäuten, die Stängelansätze herausschneiden. Die Tomaten entkernen, würfeln und darüber verteilen.

7 Zugedeckt bei schwacher Hitze etwa 10 Minuten stocken lassen. Mit Schnittlauch bestreut servieren.

Tipp: *Wer keine Barbecue-Garnelen bekommt, kann aufgetaute TK-Garnelen verwenden und nach dem Braten mit 2 abgezogenen, durchgepressten Knoblauchzehen bestreuen.*

Prawns in Tomaten-Zucchini-Pilz-Pfanne

(3 Portionen)

Zutaten

1 Pck. China Prawns (etwa 300 g), ohne Schale
600 g Tomaten
2 Zwiebeln
7 EL Olivenöl
2 EL Tomaten-Ketchup
2 EL Tomatenmark
Oregano
Salz
frisch gemahlener Pfeffer
600 g gemischte Pilze, z. B. Austernpilze, Champignons
100 g Butter
1 abgezogene Knoblauchzehe
1 Zucchini

Zubereitungszeit:
30 Minuten, ohne Auftauzeit

Pro Portion:
E: 27 g, F: 64 g, Kh: 28 g, kJ: 3490, kcal: 833

DAUERT LÄNGER

1 China Prawns nach Packungsanleitung auftauen lassen.

2 Tomaten kurze Zeit in kochendes Wasser legen (nicht kochen lassen), in kaltem Wasser abschrecken, enthäuten, die Stängelansätze entfernen. Die Tomaten entkernen und in Stücke schneiden. Zwiebeln abziehen, würfeln und in 3 Esslöffeln erhitztem Öl andünsten. Tomaten mit andünsten. Tomaten-Ketchup und -mark unterrühren, mit Oregano, Salz und Pfeffer abschmecken. Sauce bis zur gewünschten Konsistenz einkochen lassen, in eine Schüssel geben.

3 Pilze putzen, mit Küchenpapier abreiben, evtl. abspülen, in Stücke schneiden. 60 g Butter zerlassen, die Pilzstücke darin andünsten. Mit Salz, Pfeffer und durchgedrückter Knoblauchzehe würzen, mit in die Sauce geben.

4 Zucchini waschen, die Enden abschneiden, quer oder längs mit dem Sparschäler in Scheiben schneiden, in dem restlichen Olivenöl anbraten, mit Salz und Pfeffer würzen, zur Seite schieben.

5 Von den China Prawns evtl. den Darm entfernen, die Prawns kurz abspülen, trockentupfen, in dem heißen Fett kurz von beiden Seiten anbraten, Mit Salz und Pfeffer würzen, in der Gemüsesauce anrichten.

Tipp: *China-Prawns ist eine andere Bezeichnung für Garnelen.*

Hähnchenbrust mit Mozzarella überbacken

(4 Portionen)

Zutaten

4 Hähnchenbrustfilets ohne Haut (je etwa 150 g)
Salz
frisch gemahlener Pfeffer
3 EL Speiseöl zum Braten
4 mittelgroße Tomaten (400 g)
250 g Mozzarella-Käse
einige Basilikumblättchen zum Garnieren

Zubereitungszeit:
30 Minuten

Pro Portion:
E: 42 g, F: 23 g, Kh: 4 g
kJ: 1664, kcal: 398

FÜR GÄSTE – SCHNELL

1 Hähnchenbrustfilets unter fließendem kalten Wasser abspülen, trockentupfen, mit Salz und Pfeffer würzen und in heißem Öl in einer ofenfesten Pfanne etwa 10 Minuten von beiden Seiten braten.

2 Tomaten waschen, Stängelansätze herausschneiden, Tomaten in Scheiben schneiden. Den Mozzarella-Käse ebenfalls in nicht zu dicke Scheiben schneiden.

3 Gebratenes Fleisch damit abwechselnd belegen und unter dem Grill im Backofen 5–10 Minuten überbacken.

4 Vor dem Servieren mit Basilikumblättern garnieren.

Tipp: *Zu diesem Gericht passt Butterreis oder man reicht Knoblauchtoast dazu.*

Mandelhähnchen auf Tomatengemüse

(4 Portionen)

Zutaten

Für das Tomatengemüse:
500 g Tomaten
2 Zwiebeln
1 Bund Thymian
30 g Butaris (Butterschmalz)
Salz
frisch gemahlener Pfeffer
Paprika edelsüß
1 Prise Zucker
100 ml Rotwein

Für die Hähnchen-Mandel-Würfel:
600 g Hähnchenbrustfilet
3 Eier (Größe M)
3 EL Wasser
60 g Weizenmehl
1 Bund glatte Petersilie
100 g abgezogene, gehobelte Mandeln
100 g Butaris

Zubereitungszeit:
40 Minuten

Pro Portion:
E: 54 g, F: 49 g, Kh: 19 g, kJ: 3242, kcal: 775

DAUERT LÄNGER

1 Für das Tomatengemüse die Tomaten kurze Zeit in kochendes Wasser legen (nicht kochen lassen), in kaltem Wasser abschrecken, enthäuten, die Stängelansätze entfernen. Die Tomaten vierteln. Zwiebeln und Knoblauch abziehen und in Spalten bzw. Scheiben schneiden. Thymian abspülen, trockentupfen und die Blättchen von den Stängeln zupfen.

2 Butaris in einer großen Pfanne erhitzen. Zwiebeln und Knoblauch darin andünsten. Tomaten, die Hälfte des Thymians, Salz, Pfeffer, Paprika und Zucker hinzufügen, kurz mitdünsten und mit dem Rotwein ablöschen. Etwa 5 Minuten bei mittlerer Hitze in der offenen Pfanne garen. In eine vorgewärmte Schüssel füllen und warm stellen.

3 Hähnchenbrust unter fließendem kalten Wasser abspülen, trockentupfen, in 3 x 3 cm große Würfel schneiden.

4 Die Eier mit dem Wasser verquirlen, vorsichtig unter das Weizenmehl rühren, darauf achten, dass keine Klümpchen entstehen. Petersilie abspülen, trockentupfen, fein schneiden, zusammen mit Salz, Pfeffer und Paprika unter den Eierteig rühren.

5 Gehobelte Mandeln auf einen tiefen Teller geben. Die Hähnchenwürfel portionsweise zuerst in den Eierteig tauchen, dann in den gehobelten Mandeln wälzen, gut andrücken.

6 Butaris in einer Pfanne erhitzen, die Hähnchen-Mandel-Würfel darin langsam von beiden Seiten etwa 10 Minuten braten.

7 Mit dem Tomatengemüse servieren.

Asiatische Puten-Gemüse-Pfanne

(4 Portionen)

Zutaten

500 g Putenbrustfilet

Für die Marinade:
3 EL Sojasauce
1 walnussgroßes Stück frischer Ingwer
1 abgezogene, gehackte Knoblauchzehe
1 Prise Zucker
2 EL trockener Sherry

120 g Mini-Maiskolben aus dem Glas
3 Stangen (150 g) Staudensellerie
25 g Mu-err-Pilze
50 g Glasnudeln, 2 Möhren
1 (200 g) rote Paprikaschote
200 g Broccoliröschen
3 EL Sojaöl
100 g Cashewnüsse
500 ml (½ l) Hühnerbrühe
100 g Sojabohnenkeime
2 TL Speisestärke, 2 EL Sherry
chinesisches 5-Gewürze-Pulver, Sojasauce

Zubereitungszeit:
45 Minuten, ohne Marinierzeit

Pro Portion:
E: 45 g, F: 25 g, Kh: 27 g,
kJ: 2514, kcal: 601

FÜR GÄSTE

1 Putenbrustfilet unter fließendem kalten Wasser abspülen, trockentupfen, in sehr dünne Scheiben schneiden.

2 Die Zutaten für die Marinade vermischen, das Fleisch darin mindestens 1 Stunde ziehen lassen, zwischendurch wenden.

3 Mais abtropfen lassen, Staudensellerie waschen, putzen, in schmale Streifen schneiden. Die Pilze ebenso wie die Glasnudeln mit kochendem Wasser übergießen und nach Packungsanleitung quellen lassen. Möhren putzen, schälen, waschen und in schmale Stifte schneiden. Paprika halbieren, entstielen, entkernen, die weißen Scheidewände entfernen, die Schoten waschen, in schmale Streifen schneiden. Broccoli putzen, waschen und in Röschen zerteilen.

4 Fleisch aus der Marinade nehmen, abtropfen lassen.

5 Öl in einer großen Pfanne erhitzen, Putenbrustscheiben unter ständigem Rühren kurz anbraten und herausnehmen. Paprika, Möhren, Broccoli, Staudensellerie und Nüsse in das Fett geben, unter Rühren so lange braten, bis das Gemüse gar und noch knackig ist. Hühnerbrühe zugießen, einmal aufkochen lassen. Dann die abgetropften, kleingeschnittenen Pilze, Maiskolben, abgetropften Nudeln und Sojabohnenkeime dazugeben.

6 Speisestärke mit Sherry verrühren und die Sauce etwas damit binden. Fleisch wieder dazugeben. Mit Gewürzen und Sojasauce abschmecken.

Tipp: *Mu-err-Pilze sind chinesische Pilze, die es getrocknet auch im Supermarkt gibt. Dazu Reis servieren.*

Putenbrustpfanne mit Aprikosen und Rosmarin

(4 Portionen)

Zutaten

2 kleine Putenbrustfilets (je 300 g)
200 g Austernpilze
1 kleine Dose abgetropfte Aprikosen (240 g Abtropfgewicht)
1 Stange Porree (Lauch)
4 EL Speiseöl
Salz
frisch gemahlener Pfeffer
einige frische oder getrocknete Rosmarinnadeln
2 EL Sojasauce
125 ml (⅛ l) Aprikosensaft von den Dosenaprikosen
200 ml Schlagsahne

Zubereitungszeit:
30 Minuten

Pro Portion:
E: 40 g, F: 29 g, Kh: 19 g
kJ: 2310, kcal: 552

FÜR GÄSTE

1 Putenbrustfilet unter fließendem kalten Wasser abspülen, trockentupfen, quer zur Faser in etwa 1 cm dicke Scheiben schneiden, evtl. nochmals halbieren.

2 Austernpilze putzen, evtl. abspülen, trockentupfen, größere Austernpilze halbieren.

3 Aprikosen auf einem Sieb abtropfen lassen, Saft auffangen. Aprikosenhälften nochmals halbieren.

4 Porree putzen, halbieren, gründlich waschen, in 1 cm breite Streifen schneiden.

5 Speiseöl erhitzen, das Fleisch portionsweise von allen Seiten gut darin anbraten, mit Salz und Pfeffer würzen, zur Seite schieben. Die Austernpilze hinzufügen, mit anbraten. Aprikosen und Porree hinzugeben, kurz mit andünsten.

6 Mit Salz und Pfeffer kräftig würzen, Rosmarinnadeln und Sojasauce hinzufügen, mit dem Aprikosensaft ablöschen. Sahne hinzugeben, zum Kochen bringen, etwa 5 Minuten garen. Evtl. nochmals abschmecken.

Tipp: *Baguette oder Bandnudeln dazu servieren.*

Lebergeschnetzeltes mit Kartoffeln

(2 Portionen)

Zutaten

300 g Kalbs- oder Schweineleber
4 dicke, festkochende Kartoffeln etwa 600 g
1 rote Paprikaschote (150 g)
2 Frühlingszwiebeln
100 g TK-Erbsen
Salz
frisch gemahlener Pfeffer
2 EL Speiseöl
1 abgezogene Knoblauchzehe
1 Bund Petersilie,gehackt

Zubereitungszeit:
30 Minuten

Pro Portion:
E: 40 g, F: 19 g, Kh: 62 g, kJ: 2549, kcal: 608

SCHNELL – EINFACH

1 Die Leber unter fließendem kalten Wasser abspülen, trockentupfen, in Streifen schneiden.

2 Kartoffeln waschen, schälen, waschen, in Stifte schneiden. Paprika vierteln, die weißen Scheidewände entfernen, entkernen, waschen. Die Paprika in Streifen schneiden. Frühlingszwiebeln putzen, waschen, abtropfen lassen, in feine Ringe schneiden.

3 TK-Erbsen auftauen lassen.

4 Kartoffel- und Paprika in kochendem Salzwasser 5 Minuten blanchieren, anschließend in einem Sieb abtropfen lassen.

5 Öl in einer Pfanne erhitzen, zunächst Leberstreifen, dann Kartoffeln, Paprika, Zwiebeln und Erbsen darin braten.

6 Alles mit Salz, Pfeffer und Knoblauch würzen, mit gehackter Petersilie bestreuen.

Beilagentipp: *Blattsalat.*

Chinesische Leberpfanne

(3 Portionen)

Zutaten

500 g Kalbsleber-Scheiben
5 EL Sojasauce
4 EL Sherry
frisch gemahlener Pfeffer
3 Zwiebeln
250 g Austernpilze
1 rote Paprikaschote
1 Stange Porree (Lauch)
etwa 300 g Bambussprösslinge in Streifen (aus der Dose)
4 EL Speiseöl

Zubereitungszeit:
35 Minuten, ohne Marinierzeit der Leber

Pro Portion:
E: 43 g, F: 24 g, Kh: 20 g, kJ: 2325, kcal: 556

RAFFINIERT

1 Kalbsleberscheiben von Haut und Röhren befreien, die Leber unter fließendem kalten Wasser abspülen, trockentupfen, in nicht zu dünne Streifen schneiden.

2 Sojasauce mit Sherry und Pfeffer verrühren, über die Leberstreifen geben, etwas vermischen, etwa 30 Minuten durchziehen lassen.

3 Zwiebeln abziehen, quer halbieren, in Scheiben schneiden.

4 Austerpilze putzen, evtl. waschen oder abreiben, in Streifen schneiden. Paprikaschote halbieren, entstielen, entkernen, die weißen Scheidewände entfernen, Schote waschen, in Streifen schneiden. Den Porree putzen, längs halbieren, waschen, in feine Ringe schneiden. Bambussprösslinge abtropfen lassen.

5 Speiseöl erhitzen. Zwiebelscheiben, Paprikastreifen, Porreeringe, Austernpilze, Bambussprösslinge unter Rühren darin dünsten lassen, herausnehmen und warm stellen. Die Leberstreifen hinzufügen, kräftig anbraten, evtl. etwas Fett zufügen. (Die Leber nicht zu lange braten, sonst wird die Leber hart).

6 Sojasauce unterrühren, das Gemüse wieder hinzufügen. Die Leberpfanne mit Pfeffer abschmecken.

Beilagentipp: *Dazu Reis servieren.*

Paprika-Leber-Pfanne

(3 Portionen)

Zutaten

1 Zwiebel
3 EL Olivenöl
je 2 kleine rote und grüne Paprikaschoten
300 g Tomaten
1 Knoblauchzehe
2 EL Tomatenmark
125 ml (⅛ l) Schlagsahne
Salz
frisch gemahlener weißer Pfeffer
1 Prise Zucker
Salbei
40 g Butter
500 g Kalbsleber

Zubereitungszeit:
25 Minuten

Pro Portion:
E: 37 g, F: 44 g, Kh: 15 g, kJ: 2657, kcal: 636

SCHNELL

1 Die Zwiebel abziehen, fein hacken und in Olivenöl andünsten. Die Paprikaschoten vierteln, entkernen, die weißen Scheidewände entfernen. Paprikaschoten waschen und in feine Steifen schneiden. Die Tomaten in kochendes Wasser legen, kurz in kaltem Wasser abschrecken, enthäuten und den Stängelansatz entfernen. Die Tomaten achteln. Die Knoblauchzehe abziehen, durch die Knoblauchpresse drücken und mit den Tomaten zu der Zwiebel geben. 5 Minuten dünsten lassen.

2 Das Tomatenmark und die Sahne unterrühren und mit Salz, Pfeffer, Zucker und etwas Salbei würzen. Kurz durchkochen lassen und abschmecken. Die Masse warm stellen.

3 Etwas Butter erhitzen. Die Paprikastreifen hineingeben, mit Salz und Pfeffer würzen, andünsten und unter die Sauce mischen.

4 Die Kalbsleber enthäuten und erst in Scheiben und dann in Streifen schneiden. Etwas Butter in einer Bratpfanne erhitzen und die Leber in zwei Portionen unter Wenden 2–3 Minuten braten.Die Streifen mit Salz und Pfeffer würzen und unter die Paprika-Tomaten-Sauce heben.

Tipp: *Dazu passt Reis. Das Paprikagemüse kann auch vorbereitet werden, dann muß nur die Leber frisch gebraten und mit der erhitzten Sauce vermischt werden.*

Geflügelleberpfanne

(4 Portionen – Foto)

Zutaten

750 g kleine Kartoffeln
30 g Butter
4 EL Speiseöl, Salz
250 g kleine Zwiebeln
500 g Möhren
2 Lorbeerblätter
250 g Porree (Lauch)
frisch gemahlener Pfeffer
1 TL gerebelter Thymian
500 g Geflügelleber
30 g Butter oder Margarine
1 Bund glatte Petersilie

Zubereitungszeit:
35 Minuten

Pro Portion:
E: 19 g, F: 44 g, Kh: 44 g,
kJ: 2797, kcal: 667

PREISWERT

1 Kartoffeln waschen, schälen, waschen, trockentupfen. Butter mit Öl erhitzen. Kartoffeln darin etwa 10 Minuten rundherum braten lassen, salzen.

2 Zwiebeln abziehen. Möhren putzen, schälen, waschen und in dicke Scheiben schneiden. Zwiebeln, Möhrenscheiben und Lorbeerblätter hinzufügen und etwa 10 Minuten mitbraten lassen.

3 Porree putzen, waschen, in Scheiben schneiden, hinzufügen und weitere 10 Minuten garen lassen, mit Pfeffer und Thymian würzen.

4 Leber abspülen, trockentupfen, evtl. Sehnen und Röhren entfernen. Butter erhitzen, Leber darin etwa 5 Minuten braten und unter das Gemüse heben.

5 Petersilie abspülen, trockentupfen, die Blätter von den Stängeln zupfen, fein hacken und über die Geflügelleberpfanne streuen.

Jagdwurstpfanne

(3 Portionen)

Zutaten

2 Zwiebeln
50 g magerer Speck
100 g kleine Champignons
250 g gekochte, in Scheiben geschnittene Kartoffeln
Salz
frisch gemahlener Pfeffer
4 Eier (Größe M)

1 Zwiebeln abziehen und in kleine Würfel schneiden. Speck in kleine Würfel schneiden, in einer großen Pfanne auslassen und die Zwiebelwürfel darin dünsten.

2 Champignons putzen, mit Küchenpapier abreiben, evtl. abspülen, vierteln und in dem Speckfett andünsten.

3 Kartoffeln mit in die Pfanne geben, anbraten, mit Salz und Pfeffer bestreuen.

(Fortsetzung Seite 110)

(Fortsetzung von Seite 108)

125 ml (⅛ l) Milch oder Schlagsahne
200 g Jagdwurst
1 Bund geschnittener Schnittlauch

Zubereitungszeit:
30 Minuten

Pro Portion:
E: 33 g, F: 35 g, Kh: 19 g,
kJ: 2333, kcal: 557

PREISWERT

4 Eier mit Milch oder Schlagsahne verschlagen und salzen. Jagdwurst in Würfel schneiden und unterheben.

5 Die Eiermilch in die Pfanne geben, den Deckel auf die Pfanne legen und bei mittlerer Hitze etwa 10 Minuten bei geringer Hitze stocken lassen.

6 Nach etwa 8 Minuten mit dem Pfannenwender probieren, ob sich die Mischung vom Pfannenboden löst, dann die Jagdwurstpfanne auf einen vorgewärmten Teller gleiten lassen und mit Schnittlauch servieren.

7 Die restlichen Zutaten ebenso zubereiten.

Bayerische Würstelpfanne

(4 Portionen – Foto)

Zutaten

600 g gekochte Pellkartoffeln, 3 Zwiebeln
4 Paar Wiener Würstchen
2–3 Gewürzgurken
1 EL Butter, 3 EL Speiseöl
Salz, Pfeffer
1 TL Majoran, frisch oder getrocknet
30 g Butter
4 Eier (Größe M)
1 Bund Schnittlauch

Zubereitungszeit:
25 Minuten

Pro Portion:
E: 27 g, F: 50 g, Kh: 29 g,
kJ: 2956, kcal: 706

PREISWERT

1 Pellkartoffeln pellen und in Würfel schneiden. Zwiebel abziehen und würfeln. Würstchen in Scheiben schneiden. Gewürzgurke in Würfel schneiden.

2 Butter und Öl in einer Pfanne erhitzen und die Kartoffelwürfel darin anbraten. Wenn die Kartoffelwürfel Farbe genommen haben, Zwiebelwürfel, Würstchenscheiben und Gurkenwürfel zugeben und etwa 10 Minuten mitbraten. Mit Salz, Pfeffer und Majoran würzen.

3 Butter in einer Pfanne erhitzen, die Eier darin braten und nach Belieben salzen. Die Würstelpfanne vor dem Servieren mit dem Spiegelei belegen und mit Schnittlauchröllchen bestreuen.

Schinken-Gemüse-Pfanne

(3 Portionen – Foto)

Zutaten

2 Tomaten
1 mittelgroße Zucchini
1 Knoblauchzehe
2 EL Olivenöl
150 g TK-Erbsen
1 Dose Maiskörner
(Abtropfgewicht 240 g)
1 TL Essig-Essenz 25 %
4 EL Weißwein
½ TL Zucker, Salz
frisch gemahlener Pfeffer
6 Scheiben Schinkenspeck
1 Bund Schnittlauch in
Röllchen

Zubereitungszeit:
20 Minuten

Pro Portion:
E: 12 g, F: 48 g, Kh: 24 g,
kJ: 2540, kcal: 607

EINFACH

1 Tomaten waschen, trockentupfen, Stängelansätze herausschneiden. Tomaten in Stücke schneiden. Zucchini putzen, waschen, Zucchini in Scheiben schneiden, in erhitztem Öl anbraten. Die abgezogene, durchgepresste Knoblauchzehe und Tomatenstücke hinzufügen.

2 Erbsen 2–3 Minuten in kochendem Wasser blanchieren, in kaltes Wasser geben, abtropfen lassen.

3 Die Maiskörnern und die Erbsen in die Pfanne geben, kurz mit andünsten. Essig-Essenz, Weißwein, Zucker, Salz und Pfeffer hinzufügen, etwa 5 Minuten garen.

4 Den Schinkenspeck in eine Pfanne ohne Fett kurz anbraten, auf dem Gemüse anrichten.

5 Schnittlauchröllchen darübergeben.

Tipp: *Dazu schmeckt frisches Bauernbrot.*

Schnelle Sojapfanne

(4 Portionen)

Zutaten

600 g Schweinefilet
1 EL Speisestärke
3 EL Sojasauce
1 Bund Frühlingszwiebeln
1 Stück (60 g) frischer
Ingwer
3 EL Sesamöl
2 EL Sherry

1 Schweinefilet unter fließendem kalten Wasser abspülen, trockentupfen, erst in Scheiben, dann in Streifen schneiden, mit Speisestärke bestreuen und mit Sojasauce beträufeln, etwa 10 Minuten ziehen lassen. Dann herausnehmen und trockentupfen.

2 Frühlingszwiebeln putzen, waschen und in etwa 1 cm dicke Ringe schneiden. Ingwer schälen und fein hacken.

(Fortsetzung Seite 114)

100 ml Fleischbrühe
grob gemahlener, bunter Pfeffer

Zubereitungszeit:
35 Minuten

Pro Portion:
E: 36 g, F: 13 g, Kh: 7 g,
kJ: 1276, kcal: 304

SCHNELL – EINFACH

(Fortsetzung von Seite 112)

3 Öl in einer großen Pfanne erhitzen, Fleischstreifen darin bei starker Hitze unter Rühren kurz anbraten, dann herausnehmen und warm stellen.

4 Frühlingszwiebeln und Ingwer kurz andünsten, Sherry und Fleischbrühe hinzugeben, Fleischstreifen hinzufügen, aufkochen. Mit Pfeffer abschmecken.

Beilagentipp: *Dazu Basmatireis servieren.*

Gyrospfanne mit Knoblauch-Dill-Quark

(4 Portionen – Foto)

Zutaten

Für den Knoblauch-Dill-Quark:
250 g Gurke
2 Knoblauchzehen
250 g Magerquark
150 g (1 Becher) Joghurt
1 EL geschnittener Dill
Salz
frisch gemahlener Pfeffer

Für die Gyrospfanne:
2 Zwiebeln
1 EL Weißweinessig
gerebelter Oregano
4 EL Olivenöl
800 g gewürztes Gyros (beim Metzger bestellen)

Zubereitungszeit:
25 Minuten

Pro Portion:
E: 48 g, F: 39 g, Kh: 6 g,
kJ: 2583, kcal: 617

SCHNELL

1 Für den Knoblauch-Dill-Quark die Gurke schälen, fein raspeln und etwas ausdrücken.

2 Knobaluch abziehen, fein hacken, mit Quark und Joghurt verrühren. Gurkenraspel und Dill unterheben. Mit Salz und Pfeffer abschmecken.

3 Für die Gyrospfanne Zwiebeln abziehen, in feine Scheiben schneiden, mit Salz, Essig und Oregano würzen und durchziehen lassen.

4 Öl erhitzen. Gyros darin portionsweise anbraten und bei starker Hitze knusprig braun braten.

5 Gyros mit Zwiebeln und Knoblauch-Dill-Quark anrichten.

Beilage: *Fladenbrot oder Pommes frites.*

Tipp: *Das Gyros kann auch mit Schweineschulter, Hähnchen- und Putenfleisch selbst zubereitet werden. Einfach zum Würzen ist fertiges Gyros-Salz.*

Kartoffelpfanne mit Schweinefilet

(4 Portionen)

Zutaten

600 g Schweinefilet
4 EL Sojasauce
600 g kleine Kartoffeln
150 g durchwachsener Speck
250 g Champignons
3 Frühlingszwiebeln
6 EL Speiseöl
Salz
frisch gemahlener Pfeffer
Paprika edelsüß
125 ml (⅛ l) Rotwein
1 EL Schnittlauchröllchen

Zubereitungszeit:

35 Minuten, ohne Marinierzeit

Pro Portion:

E: 44 g, F: 46 g, Kh: 27 g
kJ: 3080, kcal: 735

FÜR GÄSTE

1 Schweinefilet kurz unter fließendem, kalten Wasser abspülen, trockentupfen, in 1 cm dicke Scheiben schneiden, flach in eine Schüssel legen, mit der Sojasauce beträufeln, 3–4 Stunden darin marinieren, zwischendurch wenden.

2 Kartoffeln waschen, in Wasser zum Kochen bringen, 15–20 Minuten kochen lassen, abgießen, abdämpfen, etwas abkühlen lassen, pellen.

3 Speck in Streifen schneiden, Champignons putzen, evtl. abspülen. Kleine Pilze ganz lassen, größere halbieren.

4 Frühlingszwiebeln putzen, waschen, abtropfen lassen, in Ringe schneiden. Etwas von dem Öl erhitzen, zuerst das trockengetupfte Schweinefilet darin von beiden Seiten anbraten, herausnehmen. Das restliche Öl in die Pfanne geben und Kartoffeln und Speckstreifen darin anbraten, bis sie Farbe angenommen haben.

5 Schweinefilet und Frühlingszwiebeln hinzugeben, mit den Gewürzen bestreuen, mit Rotwein ablöschen und etwa 5 Minuten garen. Mit Schnittlauchröllchen bestreuen.

Tipps: *Größere Kartoffeln evtl. vierteln. Die Kartoffeln am Vorabend kochen, pellen und abgedeckt kühl stellen oder gekochte Kartoffeln aus dem Glas verwenden. Statt des Rotweins Fleisch- oder Gemüsebrühe verwenden.*

Schweinefleisch auf Möhrenscheiben

(4 Portionen – Foto)

Zutaten

1 kg Möhren
1 Zwiebel
50 g Butter
200 ml Mineralwasser
Salz, Pfeffer, Zucker
600 g Schweinefilet
3 EL Speiseöl
1 kleines Bund Kerbel

Zubereitungszeit:
40 Minuten

Pro Portion:
E: 35 g, F: 23 g, Kh: 14 g,
kJ: 1725, kcal: 412

KLASSISCH

1 Möhren putzen, schälen, waschen und in Scheiben schneiden. Zwiebel abziehen, würfeln. Butter zerlassen, Zwiebelwürfel darin glasig dünsten. Möhrenscheiben dazugeben, andünsten, mit Mineralwasser ablöschen, mit Salz, Pfeffer und Zucker würzen, etwa 10 Minuten mit geschlossenem Deckel garen.

2 Das Schweinefilet kurz unter fließendem kalten Wasser abspülen, trockentupfen, häuten, evtl. vom Fett befreien. Das Fleisch in dünne Medaillons schneiden, in erhitztem Öl von beiden Seiten 3–4 Minuten braten, mit Salz und Pfeffer würzen, auf die Möhren geben, mit abgespülten, gezupften Kerbelblättchen garnieren.

Beilagentipp: *Würfelkartoffeln mit Speck und Zwiebeln oder Roggenbaguette.*

Mexikanische Bohnenpfanne

(3 Portionen – Titelfoto)

Zutaten

1 Zwiebel
375 g Rinderhack
1 Eigelb (Größe M)
2 gehäufte EL Semmelbrösel
Salz, Pfeffer
1 Spritzer Worcestersauce

1 Zwiebel abziehen, fein würfeln, mit dem Rinderhack, dem Eigelb und den Semmelbröseln in eine Schüssel geben. Mit Salz, Pfeffer und Worcestersauce würzen und verkneten. Aus der Hackmasse kleine Bällchen formen.

2 Tomaten kurze Zeit in kochendes Wasser legen (nicht kochen lassen), in kaltem Wasser abschrecken, enthäuten, die Stängelansätze entfernen. Die Tomaten vierteln, entkernen.

(Fortsetzung Seite 120)

(Fortsetzung von Seite 118)

4 Tomaten
5 EL Sojaöl
1 Gemüsezwiebel
1 Dose Kidney-Bohnen (Abtropfgewicht 285 g)
2 grüne Chilischoten
1 rote Paprikaschote
1 Bund glatte Petersilie
1 TL Senf, Chilipulver

Zubereitungszeit:
30 Minuten

Pro Portion:
E: 49 g, F: 43 g, Kh: 50 g, kJ: 3484, kcal: 832

RAFFINIERT

3 3 Esslöffel Sojaöl in einer großen Pfanne erhitzen. Die Hackbällchen darin von allen Seiten 5–6 Minuten goldbraun braten, herausnehmen und beiseite stellen.

4 Gemüsezwiebel abziehen, halbieren, in dünne Spalten schneiden und in dem Rest des Öls anbraten. Die Tomatenviertel hinzufügen, mit andünsten. Bohnen auf einem Sieb abtropfen lassen. Bohnen, halbierte und entkernte Chili- und Paprikaschoten ebenfalls zu den Tomaten geben. Alles miteinander mischen und 3–5 Minuten bei mittlerer Hitze schmoren lassen. Mit Salz, Senf und evtl. Chilipulver abschmecken.

5 Die Hackbällchen wieder in die Pfanne geben. Petersilie waschen, fein hacken und vor dem Servieren über die mexikanische Bohnenpfanne streuen.

Tipp: *Dazu Baguette oder herzhaftes Bauernbrot reichen.*

Römische Lammpfanne

(4 Portionen – Foto)

Zutaten

750 g Lammfleisch aus der Keule (ohne Knochen)
2 Zwiebeln
4 Tomaten
3 EL Speiseöl
Salz
frisch gemahlener Pfeffer
2–3 EL Tomatenmark
2 Knoblauchzehen
125 ml (⅛ l) Rotwein
6 EL Schlagsahne
gerebelter Rosmarin
gerebelter Oregano
75 g geriebener Parmesan

1 Lammfleisch unter fließendem kalten Wasser abspülen, trockentupfen und in 2 cm große Würfel schneiden.

2 Zwiebeln abziehen und würfeln. Tomaten kurze Zeit in kochendes Wasser legen (nicht kochen lassen), in kaltem Wasser abschrecken, enthäuten, Stängelansätze herausschneiden und Tomaten vierteln.

3 Öl erhitzen, Fleischwürfel darin anbraten, Zwiebelwürfel hinzufügen, glasig dünsten lassen, mit Salz, Pfeffer und Tomatenmark würzen.

4 Knoblauch abziehen und durchpressen und zusammen mit dem Rotwein dazugeben.

5 Das Ganze zugedeckt etwa 60 Minuten garen. 15 Minuten vor Beendigung der Garzeit Tomatenwürfel und Sahne dazugeben und erhitzen.

(Fortsetzung Seite 122)

(Fortsetzung von Seite 120)

Zubereitungszeit:
75 Minuten

Pro Portion:
E: 44 g, F: 46 g, Kh: 6 g,
kJ: 2826, kcal: 675

GUT VORZUBEREITEN – DAUERT LÄNGER

6 Mit Salz, Pfeffer, Rosmarin und Oregano abschmecken. Zum Schluß Parmesan darübergeben.

Beilage: *Reis, Nudeln oder Käserisotto.*

Tipp: *Mit den Tomatenwürfeln einige Zucchinischeiben dazugeben. Sie können dieses Gericht auch mit ausgelöstem Lammrücken zubereiten.*

Arabische Lammpfanne

(3 Portionen – Foto)

Zutaten

500 g Lammfleisch (aus dem Rücken)
4 Schalotten
2 Knoblauchzehen
250 g junge Möhren
3 Frühlingszwiebeln
4 EL Olivenöl
1 gestr. TL Kardamom
½ Zimstange
1 Sternanis
1 TL zerstossene Korianderkörner
100 g getrocknete Aprikosen
125 ml (⅛ l) Fleischbrühe
125 ml (⅛ l) Rotwein
1 TL Essig-Essenz
Korianderblättchen

Zubereitungszeit:
45 Minuten

Pro Portion:
E: 31 g, F: 36 g, Kh: 33 g,
kJ: 2686, kcal: 642

RAFFINIERT

1 Das Lammfleisch kurz unter fließendem kalten Wasser abspülen, trockentupfen, evtl. enthäuten und in 2 x 2 cm große Würfel schneiden. Schalotten und Knoblauchzehen abziehen und fein würfeln. Möhren putzen, schälen, waschen und in längliche Stücke schneiden. Frühlingszwiebeln putzen, waschen und in Stücke schneiden.

2 Olivenöl in einer großen Pfanne erhitzen. Das Fleisch portionsweise rundherum anbraten, herausnehmen und beiseite stellen.

3 Schalotten- und Knoblauchwürfel und Möhrenstücke im Bratfett glasig dünsten. Kardamom, Zimt, Sternanis und Koriander unterrühren.

4 Fleischwürfel, die evtl. in Stücke geteilten Aprikosen und die Frühlingszwiebeln dazugeben und mit Fleischbrühe und Rotwein ablöschen.

5 Essig-Essenz hinzufügen und das Ragout etwa 10 Minuten schmoren lassen. Evtl. nochmals kräftig abschmekken.

6 Das Ragout mit Korianderblättchen verzieren.

Beilage: *Fladenbrot oder Baguette.*

Kapitelregister

Kartoffelpfannen

Nudelpfannen

Reispfannen

Gemüsepfannen

Kapitelregister

Alphabetisches Register

Alphabetisches Register

Alphabetisches Register

Umwelthinweis

Dieses Buch und der Einband wurden auf chlorfrei gebleichtem Papier gedruckt. Die Einschrumpffolie – zum Schutz vor Verschmutzung – ist aus umweltverträglichem und recyclingfähigem PE-Material.

Die Rezepte aus diesem Buch sind – wenn nicht anders angegeben – für 4 Personen berechnet.
Bitte beachten Sie bei Gasherden die Gebrauchsanleitung des Herstellers.

Wenn Sie Anregungen, Vorschläge oder Fragen zu unseren Büchern haben, rufen Sie uns unter folgender Nummer an (0521) 52 06 50 oder schreiben Sie uns.
Wir antworten umgehend:
Ceres Verlag, Rudolf August Oetker KG, Redaktion,
Am Bach 11, 33602 Bielefeld

Wir danken für die freundliche Unterstützung: Gabriele Fiedler PR, Hamburg; Dr. Muth, PR, Hamburg

Redaktion: Carola Reich

Fotos
Titelfoto: Thomas Diercks, Hamburg

Innenfotos: Thomas Diercks, Hamburg; Bernd Lippert, Bielefeld; Hans-Joachim Schmidt, Hamburg; Norbert Toelle, Bielefeld; Brigitte Wegner, Bielefeld

Rezeptentwicklung: Gerd Ruhle, Hamburg

Rezeptentwicklung und -beratung: Heide Hagendorf, Bad Rothenfelde; Mechthild Plogmaker, Bielefeld

Grafisches Konzept: Björn Carstensen, Hamburg
Gestaltung: Kontur Design, Bielefeld
Titelgestaltung: Kontur-Design, Bielefeld

Reproduktionen: Fotolito Longo, I-Bozen
Satz: Typografika, Bielefeld
Druck und Bindung: Mohndruck Graphische Betriebe GmbH, Gütersloh

ISBN 3-7670-0242-6